迈向新起点：儿童入学准备与学校适应的关系

卢富荣 ◇ 著

PSYCHOLOGY

中国当代心理科学文库

教育部社会科学委员会教育学心理学部 推荐

世界图书出版公司

广州·北京·上海·西安

图书在版编目（CIP）数据

迈向新起点：儿童入学准备与学校适应的关系/卢富荣著．
—广州：世界图书出版广东有限公司，2017.11
ISBN 978-7-5192-3969-5

Ⅰ．①迈… Ⅱ．①卢… Ⅲ．①学前教育－教学参考资料
Ⅳ．① G613

中国版本图书馆 CIP 数据核字（2017）第 284062 号

书　　名	迈向新起点：儿童入学准备与学校适应的关系
	MAIXIANG XINQIDIAN: ERTONG RUXUE ZHUNBEI YU XUEXIAO SHIYING DE GUANXI
著　　者	卢富荣
责任编辑	刘文婷
装帧设计	楚芊沅
出版发行	世界图书出版广东有限公司
地　　址	广州市海珠区新港西路大江冲 25 号
邮　　编	510300
电　　话	（020）84459702
网　　址	http://www.gdst.com.cn/
邮　　箱	wpc_gdst@163.com
经　　销	新华书店
印　　刷	虎彩印艺股份有限公司
开　　本	787mm×1092mm　1/16
印　　张	10.5
字　　数	122 千字
版　　次	2017 年 11 月第 1 版　2018 年 8 月第 2 次印刷
国际书号	ISBN 978-7-5192-3969-5
定　　价	30.00 元

"入学准备"是指学龄前儿童为了能够从即将开始的正规学校教育中受益所需要具备的各种关键特征或基础条件。自 1994 年美国把"入学准备"纳入《2000年目标：美国教育法案》以来，儿童入学准备受到了越来越多研究者的重视，取得了一些有意义的研究结果。如一项基于美国全国儿童入学准备的调查结果显示，在不同州有 16% ～ 35% 儿童已经达到入学年龄，但是由于入学准备分数较低而不能正常入学。然而，目前我国对儿童入学准备的研究还处于起步阶段，仅有少数研究者探讨了儿童入学准备状况。

自从美国国家教育目标委员会 (National Education Goals Panel, 1997) 提出入学准备的生态化模型后，近年来国外对于儿童入学准备影响因素的研究越来越倾向于从生态学的角度入手。相关实证研究也发现，儿童入学准备状况不仅受到自身的影响，而且也受到照顾他们的环境的影响。对于进入义务教育阶段开始接受正规教育的小学生来说，家庭和幼儿园作为儿童成长的重要环境，对儿童的发展具有重要意义。因此，有必要探讨我国儿童入学准备的家庭和幼儿园影响因素，尽早识别出入学准备不足儿童及其风险性因素和保护性因素，并对其进行干预治疗，这对于为义务教育输送高质量、有准备的新生具有不可估量的作用。

进入小学一年级，接受正规义务教育是儿童发展的一个重要转折点，良好的入学准备对儿童适应学校具有重要的影响。国外开展了一些相关的研究，但是大多数研究基于变量中心的视角，集中探讨入学准备某一指标对后期某一时间点学习成绩的影响。学校适应衡量的是儿童在学校背景下愉快地参与学校活动并获得学业成功的状况，除学习成绩外的学校喜好、人际关系等同样具有重要的意义，且儿童的发展是一个不断变化的动态过程。因此，有必要多视角、系统地考察儿童入学准备对学校适应及其发展变化速度的影响，进一步考察家庭、幼儿园因素与入学准备对学校适应的交互影响，这对于提高基础教育质量，加速人才培养具有重要的意义。

正是基于这些想法，我们开展了对儿童入学准备的特点及其后期学校适应发展影响的研究，这些研究的结论在我们国家乃至国际都是首次发现。因此，我们希望本书是入学准备及其干预治疗的引玉之砖。由于该研究是我们的初步尝试之作，仍然有很多不足之处，希望广大读者提出宝贵的意见，以使我们后期的研究更加科学。

感谢在本研究的设计和实施中我的导师以及我的同门师兄弟对我的支持和指导。在此，更要感谢参与此次调查的儿童、家长和教师对我们工作给予的最大程度的支持和配合。

目 录

第一章　入学准备的概况：概念、理论和测评

第一节　入学准备的概念

入学准备概念的发展经历了从最初较窄的狭义定义（仅等同于某一方面的准备）到涵盖广泛的广义定义（涵盖多个方面）的变化。20世纪20年代，"准备"这个词就开始引起了人们的注意,但是那个时候的入学准备仅仅等同于"阅读准备"（May & Campbell，1981）。Gray 在全国教育研究学会（the National Society for the Study of Education，NSSE）的第二十四年年鉴上列举了儿童做好阅读准备需要具备的六条基本技能：①广泛的阅读经验；② 合理的阅读技能；③ 掌握充足的简单句子；④ 能迅速识别单词和几组含义丰富的口语词汇；⑤ 准确的发音；⑥ 真正的阅读动机（Gray,1925）。随着"阅读准备"概念的发展,"算术准备"和"手写准备"也逐渐被提了出来，如有研究者认为幼儿园的儿童

应该具备计算、分组、数字比较、玩数字游戏和测量不同物体等的数学技能（Koenker，1948）。Smith（1961）认为大部分儿童应该在小学一年级两个月或者三个月时做好手写准备。Kagan（1990）对入学准备进行了细分，把入学准备分为"学习准备"和"学校准备"两类。"学习准备"作为一个发展进程概念，反映了一个人在何种程度上准备学习某种具体的内容。"学校准备"通常被看作是儿童能够满足学校的环境所需要的体能、智能和社会技能。

美国学者吉尔伯特·格瑞尔德在对已有的概念进行归纳总结的基础上提出的入学准备概念被大家广泛接纳和引用，他认为"入学准备"是指学龄前儿童为了能够从即将开始的正规学校教育中受益所需要具备的各种关键特征或基础条件（Gredler，2000）。

第二节 入学准备的理论模型

目前对入学准备的理论模型归纳起来主要包括自然成熟论、建构主义模型和生态学模型三种观点。

（一）自然成熟论模型

自然成熟论的代表人物是 Arnold Gessell，自然成熟论者认为发展是一个可以预言的、自动化、有顺序的生物过程，这个观点导致很多教育者和家庭认为儿童要自然地获取知识、自动地成长和变老（Demarest et al.，1993）。自然成熟论者认为儿童的生理成熟是其入学准备的基础。当儿童的生理年龄达到政府或者州的规定，就做好了入学准备，即能够背诵字母表和计数，而

这些任务是其阅读和算术的基础。因为入学准备是自然自动形成的，父母应该耐心地等儿童做好了入学准备时，教儿童背诵字母表和计数。在这个概念框架下，学校成功所需要的知识和技能与儿童的年龄密切相关，当他们达到了规定的年龄就做好了入学准备（Crnic & Lamberty，1994；Gredler，1992）。然而，每个儿童的入学准备有其自身的生物进度表，各个儿童之间存在较大的差异。如果儿童没有做好入学准备，自然成熟论者建议儿童延迟入学，所以"延迟入学"一度成为入学准备干预治疗的主要策略（DeCos & Bureau，1997）。然而相关实证研究发现，年龄大的儿童开始时表现得会比年龄小的儿童略好，但是随着年级的升高，这种差距逐渐在缩小，延迟入学并不能预测儿童后期的学习表现，且儿童也不能从延迟入学中获益（Graue，1993）。

（二）建构主义模型

建构主义者认为社会和文化环境影响儿童的入学准备（Graue，1993；Meisels，1995，1999；Smith & Shepard，1988）。根据这个观点，入学准备是儿童对学校或社区建构起来的期望和要求的准备，包括适应学校环境所应该具备的身体、认知、语言和社会性方面的能力。这种观点从学校环境出发，把教育环境放在首要的位置，把入学准备理解为儿童适应学校环境的必备技能。儿童进入的学校不同，对其入学准备的要求也不一样，一个儿童对于某一个学校已经达到入学准备充足的状态，而对于另一个学校则可能仍没有达到入学准备充足的状态。

（三）生态学模型

1994 年，美国国会通过了《2000 年目标：美国教育法案》（*Goals 2000. Educate America Act of 1994*），设立的首要目标是"到 2000 年，所有达到入学年龄的儿童都已做好学习的准备"。美国各级部门、研究机构和学校围绕这个目标进行了大量的研究，儿童的入学准备成为大家关注的热点问题，把入学准备的研究推向了高潮。美国国家教育目标委员会（National Education Goals Panel，1997）提出了入学准备的生态学模型，该模型认为儿童的入学准备是儿童与环境相互作用的过程，应该包含儿童的准备、学校的准备以及家庭和社区的准备三个方面。

儿童的准备包括以下五个重要领域：① 身体健康和运动领域：包括儿童身体发展状况（身高、体重的增长率，身体耐力、体能、力量、灵活性等身体适应性，身体生理机能）和儿童身体能力（大运动技能、精细运动技能、感觉运动技能和口部运动技能）。② 情绪与社会性领域：包括情绪发展（情绪的表达和对他人感受的敏感性）和社会性发展（了解他人的权利、公正对待他人的能力、辨别偶然和有意行为的能力、付出和接受支持的意识、平衡自己和他人的需要的能力）。③ 学习方式领域：包括对任务的开放性和好奇心、完成任务的坚持性和专注性以及想象力和创造性等。④ 言语发展领域：主要包括语言表达和读写能力两个方面，语言表达包括听、说能力；读写能力主要涉及读写意识、标记意识等。⑤ 认知发展与一般知识领域：包括儿童要掌握自然知识、逻辑—运算知识和社会—规则性知识三个方面。

学校的准备包括教师应该掌握的关于儿童发展规律的基本知识等；学校

需要借助各种学习资源为儿童提供学习的机会，并使儿童把现在受到的教育和已有的经验联结起来。课程制定者要以儿童个人的能力和兴趣为基础，为儿童提供丰富的与其发展相适应的教育。管理者要掌握儿童发展以及与儿童发展相适应的教育实践的知识，支持教师的工作，指导家长的参与，把儿童自身的需要放在首位。

家庭与社区的准备要求父母和社区应该帮助那些处境不利或者残疾儿童做好入学准备；父母每天应该花费一定时间去帮助儿童学习；注意儿童的营养与健康保健，显著减少出生时低体重儿童的数量。社区要为父母提供培训和帮助，以及高质量学前教育项目的普及等。

自然成熟理论模型基于生理成熟观点，过分重视儿童的自然生理成熟进程，而不重视外部环境和教育对个体发展的促进作用。建构主义模型过分强调学校的重要性，忽视了儿童的作用。而入学准备的生态学模型关注了儿童个体、家庭和学校多个方面的准备状况，强调儿童与环境的双向准备，受到了研究者的一致好评（Farver，Xu，Eppe，& Lonigan，2006）。盖笑松和张向葵（2005）的研究证实了我国儿童的入学准备内容也涵盖了美国国家教育目标委员会提出的生态学模型的五个领域。本研究也以儿童在身体健康和动作技能、情绪和社会性、学习方式、语言发展以及认知和一般知识五个领域的准备作为儿童入学准备的测查指标。

第三节 入学准备的测评工具

对儿童入学准备的测查，以往主要存在三种方式：第一种是对儿童个体直接进行测查，如格塞尔入学准备测验（Gesell School Readiness Screening Test，GSRT）等；第二种是通过熟悉儿童的成人，如父母、照看者、幼儿园教师等人的评价来测查儿童入学准备状况，如学习与发展指标评定测验修订版（DIAL-R）等；第三种是通过生态观察的方法对儿童的入学准备进行测查，如表现取样系统（Working Sampling System，WSS）等。下面就三种主要的测评方式已有的主要工具简要概括如下：

（一）儿童个体个别测试工具

（1）格塞尔入学准备状态筛选测验（Gesell School Readiness Screening Test，Ilg & Ames，1972）：该测验是格塞尔学前测验的一个分量表，以格塞尔的成熟理论为基础，适用于 4.5～10 岁儿童，主要测验儿童的认知能力、知觉—视觉技能、语言技能和运动技能。该测验的历史最久并且影响最大，但因为 1/3～2/3 有问题的儿童被误划为无风险儿童而遭到了强烈的批评（Rafoth，1997）。

（2）大都市准备测验（Metropolitan Readiness Test，Nurss & McGauvran，1974）：该测验主要测查儿童在幼儿园和小学一年级阅读学习和数学技能获得所必需的能力。包括两个水平的测验工具：水平 I 的测查工具适用于幼儿园开始到幼儿园中班的儿童（from the beginning to middle of kindergarten）；水平 II 的测查工具适用于幼儿园结束到一年级入学初的儿童（the end of kindergarten to the beginning of first grade）。水平 I 测验是一个有关学习准备、前阅读技能和发展的测验，主要测查听觉记忆（Auditory Memory）、字母识别（Letter Recognition）、视觉匹配（Visual Matching）、学校语言（School

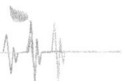

Language）等，最后合成听觉、视觉、语言和整体四个分数。该测验的 KR-20 系数和分半系数分别为 0.92 和 0.95。

（3）棒棒糖测验（The Lollipop Test, Chew, 1981）：该测验包括识别颜色、形状和复制形状（Identification of Colors and Shapes, and Copying Shapes）；图片说明、位置和空间识别（Picture Description, Position, and Spatial Recognition）；数字识别和计数（Identification of Numbers and Counting）；字母识别和写作（Identification of Letters and Writing）四个维度。KR-20 的一致性系数为 0.93。

（4）菲尔普斯幼儿园准备量表（Phelps Kindergarden Readiness Scale, Phelps, 1997）：该测验主要测查词汇加工（Verbal Processing）、知觉加工（Perceptual Processing）和听觉加工（Auditory Processing）三个分量表，词汇加工分量表主要评价儿童对词汇意义和口语含义的理解；知觉加工分量表主要测查儿童的视觉辨别和图形再现能力；听觉加工分量表主要测查儿童声音辨别能力。每个分量表合成标准 20 分（平均数 10，标准差 3），量表总分转化成平均数 100、标准差 15 的标准分数。

（5）布莱肯入学准备量表（The Bracken School Readiness Assessment, BSRA, Bracken, 2002）：该量表适合于 2.5～7 岁儿童，是布莱肯基本概念量表（Bracken Basic Concept Scale, Bracken, 1998）的一个分量表，主要测查儿童的概念获得能力和语言接受能力，包括儿童对颜色、字母、数量 / 计数、大小、比较、形状的知觉六个子量表，共 88 个题目，大约需要 15 分钟。该量表的内部在一致性系数为 0.98，各个分量表的内部一致性系数为 0.85～0.98。

（二）成人评价工具

（1）学习与发展指标评定测验第三版（Developmental Indicators for Assessment of Learning, Third Edition, DIAL-3, Mardell-Czudnowski & Goldenberg, 1998）：DIAL-3 是一个用于测查学前儿童发展状况的较为完善的诊断性的测量工具。适合 3 ~ 6 岁 11 个月的儿童，包括儿童测查（Child Tests）、抚养人问卷（Caregiver questionnaire）、主试记录表（Examiner observations），主要测查了运动技能（motor）、语言（language）和概念（concepts）三个方面。DIAL-3 的抚养人问卷同时提供了自理能力（self-help）、社会性发展（social development）的分数，该测验的内部一致性系数为 0.90。

（2）布瑞根斯 K&1 筛选测验（Brigance Kindergarten and Grade 1 Screen, Brigance, 1992）：该测验是一个标准化测验，适用于 57 ~ 68 个月的儿童，采用父母和教师报告的形式。其主要目的是确定儿童是否需要更综合性的评价。布瑞根斯筛选测验是 the Brigance Inventory of Early Development（Brigance, 1991）的一个分测验，包括 12 个分量表：个人信息的知识（5 题）、颜色识别（10 题）、图画词汇（10 题）、视觉辨别（10 题）、视觉运动技能（5 题）、大运动技能（10 题）、计数（1 题）、对身体部位的识别（10 题）、听从言语指令的能力（2 题）、数概念的理解（5 题）、写自己的名字（1 题）、语法和语言流畅性（2 题）。每个题目采用"是""否"两点计分，采用标准化分数计分，对各个分测验赋 0.5 ~ 5 不等的权重，最高分数为 100 分，该测验的内部一致性系数为 0.91。

（3）早期发展工具（Early Development Instrument, EDI, Janus & Offord,

2007）：EDI 量表包括三个部分，第一部分收集儿童的人口统计学信息（性别、年龄、出生日期、语言等）；第二部分是正式的测题，共 101 个项目，涉及入学准备的五个领域，即身体健康与动作技能发展、社会能力、情感成熟、语言与认知发展、交往技能与一般知识；最后一部分是关于儿童学前经历的信息，如儿童参与的早期干预项目、儿童看护等。该量表采用教师等级评定的方式，整个测验需要 7～20 分钟，量表的各个领域内部一致性系数为 0.84～0.96，评定者系数为 0.53～0.80。

（三）生态化趋向评价

作品取样系统（Working Sampling System，WSS，Meisels，Liaw，Dorfman，& Nelson，1995）是一种真实性表现评价，目的在于协助教师运用教室内真实的经验、活动与作品来记录并评价儿童的技巧、知识和行为。它适用于学前至小学五年级的儿童，包含三个相互关联的子系统：发展指引与发展检核表（Developmental Guidelines and Developmental Checklists）、档案（Portfolios）和综合报告（Summary Reports）。该系统涵盖儿童发展的七个领域，包括个人与社会发展（主要强调情绪与社交能力）、语言与文学（听、说、读、写、研究）、数学思考（焦点在于儿童对思考数学及解决问题所采用的策略）、科学思考（涵盖对物理环境、生活世界与地球科学的探究及探究方法）、社会文化（包括历史、地理、经济及公民的权利与义务）、艺术（包括舞蹈、戏剧、音乐、美劳）和体能发展与健康（包括粗动作技能、精细动作技能、个人的健康与安全）。这七个领域贯穿整个系统，每个领域在三个子系统中都出现，在每个学年的学期初、学期末、学年末三个时间点收集数据。作品取样系统的三个子系统形成一个整体：发展检核表以教师期望与国家标准为评价的标准，记录学生的成长；档案以视觉的方式呈现儿童作品的质量以及儿童跨时间的进步；综合报告将上述资料统合成一张精确的报告表。作品取样系统是一种融入于课程的评价，通过观察儿童在解决问题、写日志、搭建积木、用各种素材绘图、进行实验或与同伴互动时所展现的所知所能。作品取样系统以课堂为评定情境，对幼儿的行为进行观察评定，因而与其他测验相比，具有更好的生态学效度。

综上所述，美国国家教育目标委员会提出的入学准备模型虽然被广为接受，但是现有的入学准备测验较多注重儿童在言语和认知方面的发展，对儿童身体健康与运动技能、情绪与社会性发展的关注较少，学习方式这一领域更是鲜有涉及。入学准备是一个具有文化差异性的研究领域，国外儿童熟悉的一些概念、操作形式、图片样式往往并不完全适合国内儿童，因此在研究中需要使用本土化的测验手段（吕正欣，2008）。我国研究者张向葵等（2005）通过访谈研究探讨了在我国文化背景下儿童入学准备所包含的内容，结果发现美国国家教育目标委员会生态化模型中提出的儿童入学准备的五个领域基本适合中国儿童，只是在一些具体项目内容上还存在差异。盖笑松等（2006）以美国国家教育目标委员会提出的儿童入学准备五个领域模型为基础，结合对76名幼儿园大班教师和65名小学一年级教师的访谈研究，借鉴国外已有的入学准备研究工具，编制了儿童入学准备的一系列的研究工具，如儿童入学准备状况教师团体核查表（School Readiness Checklist-Teacher version，SRC-T）、儿童入学准备家长核查表（School Readiness Checklist-Parent version，SRC-P）以及身体健康与运动技能发展、言语发展、学习方式、情绪与社会性、认知与一般知识五个分领域的测评工具。通过在幼儿园及小学一年级儿童中的施测，上述工具均具备良好的信效度，使用方便，结构合理（盖笑松，张向葵，2005）。本研究将采用盖笑松等编制的入学准备家长核查表（SRC-P）对儿童的入学准备状况进行评价。

第二章 儿童入学准备的特点

为了了解当前儿童入学准备的特点，在对儿童入学准备已有研究资料的收集与梳理的基础上发现，目前有关儿童入学准备特点的研究主要集中于儿童入学准备不足的现状、不同年龄儿童入学准备的差异和儿童入学准备的性别差异三方面。

（一）儿童入学准备不足的现状

儿童入学准备作为学校成功的一个关键决定因素，是目前发展心理的一个重要研究领域。一方面研究者基于变量中心的视角考察了儿童在不同领域准备不足的现状，如一项基于美国全国儿童的调查发现，有 16%～35% 的适龄学前儿童尚未达到必要的入学准备状态（Rimm-Kaufman，et al.，2000）。Zill（1999）研究发现，1/6 的儿童在进入学校的时候存在一些不足，主要表现在遵守规则和独立学习方面。近年来，英国一项采用早期发展工具（Early Development Instrument，EDI）的调查研究显示，大约 40% 的土著居民儿童至少在入学准备五个领域中的一个领域存在较低的分数，特别表现在言语发展及认知和一般知识领域（Lloyd，2006）。国内学者对长春市 309 名儿童的入学准备状况进行了教师团体评定，结果显示有 75% 的儿童存在某些方面的入学准备问题，且问题多集中在"学习方式"和"情绪与社会性发展"领域（孙蕾，et al.，2006）。另一方面，也有个别研究者基于个体中心的视角从类型学的角度考察儿童入学准备的不足状况。如 Hair 等应用快速聚类分析的方法将儿童的入学准备发展水平分为 4 类，其中 30% 的儿童为全面发展型、34% 的儿童属于情绪 / 社会性 / 健康突出型、13% 的儿童属于情绪与社会性危险型、23% 的儿童属于健康危险型（Hair，et al.，2006）。Konold 和 Pianta 应用分层聚类分析的方法将儿童入学准备分为 6 类，其中 10% 的儿童属于注意力问题型、7% 的儿童属于低认知能力、20% 的儿童属于低 / 平均社会和认知技能、17% 的儿童属于社会和外部问题、24% 的儿童属于高社会能力、22% 的儿童属于高认知能力和轻微的外部问题（Konold & Pianta，2005）。

（二）不同年龄儿童入学准备的差异

受格塞尔（Gessell）生物成熟理论的影响，年龄一度成为入学准备研究的重要分类变量。相关研究发现，进入幼儿园年龄较大儿童的准备水平好于年龄较小儿童，尤其表现在入学准备的口语能力和视动技能方面（Bickel，Zigmond，& Strayhorn，1991；L. A. Kurdek & Sinclair，2001）。我国研究者吕正欣（2008）依据儿童年龄，把儿童分为年龄较小组（5.67 ～ 6.24 岁）、年龄中间组（6.25 ～ 6.54 岁）、年龄较大组（6.55 ～ 7.43 岁）三组，对三个年龄组儿童入学准备的差异检验发现，年龄较小组儿童入学准备水平显著低于其他两组的儿童，而年龄较大组和中间组差异不显著。然而，Zill（1997）研究发现，年龄较大儿童比年龄较小儿童有更多的协调和言语组织功能问题，正是由于这些原因可能推迟入学。

（三）儿童入学准备的性别差异

已有研究探讨了不同性别儿童入学准备的差异，但大多数的研究是基于变量中心的视角，且研究结论并不一致。例如，Bierman，Torres，Domitrovich，Welsh 和 Gest（2009）考察了男生与女生在认知准备和行为准备上的差异，结果发现男生与女生在认知准备上存在差异，表现为女生的认知准备优于男生，而在合作行为上不存在显著的性别差异。Zill（1997）研究发现，男生与女生在社会性技能上差异显著，主要表现为女生的社会技能优于男生，而学习技能差异不显著。我国研究者吕正欣（2008）的研究结果发现，在学习方式、认知和一般知识方面男女生得分差异不显著；在言语发展、情绪与社会性发展、身体健康与运动技能发展方面，女生的发展显著优于男生。然而，也有一些研究者认为女生的认知和一般知识准备优于男生，且这种差异可能持续一生（Entwisle，Alexander，& Olson，2005）。

第三章　儿童入学准备的影响因素

　　自从美国国家教育目标委员会（NEGP）提出入学准备的生态学模型后，近年来国外越来越倾向于从生态学的角度对儿童入学准备的影响因素进行研究。美国心理学家布朗芬布伦纳（Bronfenbrenner，1979）提出的生态系统理论认为，家庭和学校是个体成长最重要的微系统，对儿童的发展有直接作用，同时中系统、外系统和宏观系统往往通过微系统的中介而起间接作用。Becker和Tomes（1986）提出的家庭投资模型主要认为家庭对经济资源、社会资源以及人力资源方面的投资与儿童青少年的积极发展相关联，如父母花费在孩子身上共同活动的时间（比如，一起参观博物馆或者在家里做一个科学小实验）都被看作是投资，这些投资能够促进儿童的发展。布朗芬布伦纳的生态系统理论和Becker等的家庭投资模型提供了一个很好的分析环境对儿童入学准备影响的视角。根据这些理论，对于接受正规教育的小学生来说，家庭和幼儿园是最重要的两个环境系统，对儿童的发展有着重要的意义。

（一）影响儿童入学准备的家庭因素

家庭是建立在婚姻和一定经济基础上的共同生活的社会群体，是儿童成长的主要环境，在儿童入学准备中居于重要地位。国外关于家庭环境对儿童入学准备的影响开展了一些研究，这些研究有助于我们了解儿童入学准备的家庭风险因素，为我国儿童入学准备的研究提供有益借鉴。

1. 家庭社会经济地位

家庭社会经济地位（socioeconomic status，SES）是研究中经常涉及的一个因素，通常包括：家庭收入、家长的受教育程度和家长的职业。相关研究发现，一个家庭的社会地位和经济状况会直接影响儿童的入学准备。如：Costeff 和 Kulikowski（1996）对 99 名家庭社会经济地位不利的儿童和 40 名中等阶层家庭儿童的入学准备状态的比较研究发现，家庭社会经济地位不利的儿童在生理发育、语言能力、视觉运动技能、身体动作等领域的发展程度都落后于中等阶层家庭的儿童。其他相关研究也证实，来自低 SES 家庭儿童的入学准备要差一些（Stipek & Ryan，1997；Zill，Collins，West，& Hausken，1995）。另一方面，家庭社会经济地位对于其他家庭因素与儿童入学准备之间的关系具有调节作用。Rafoth（1997）在分析了以往的研究成果后指出：在低社会经济地位的家庭中，母亲的受教育程度和父亲的收入对儿童入学准备状态有较大的影响；而在社会经济地位高的家庭中，父母的育儿观念则成为重要的影响因素。Hill（2001）的研究发现，家庭收入是父母的教养方式与儿童入学准备状态之间的调节因素，在低收入家庭中，父母的教养方式对儿童入学准备

状态的影响更大。我国研究者盖笑松等（2007）研究发现，处于较高社会阶层，母亲的受教育程度对儿童入学准备的学习方式领域的影响接近显著，而父亲的受教育程度对儿童入学准备的认知和一般知识领域影响显著，对其他领域的影响不显著。

2. 父母教养行为

长期以来，父母的教养行为受到心理与教育研究者的关注。已有研究者主要采取类型学的思路，对父母教养行为的类型及其对儿童入学准备的影响进行了广泛的研究。其中，美国著名心理学家 Baumrind（1971）在类型学方法基础之上，将父母的教养方式划分为权威型（authoritative parenting）、专制型（authoritarian parenting）和放任型（permissive parenting），此划分方式被广泛引用。权威型的父母对儿童有较多的关爱和较为一致的反应，在亲子间相互理解、尊重和沟通的基础上对儿童进行一定的限制和约束。专制型的父母用较为绝对的标准来塑造、控制和评价儿童的行为，要求儿童绝对地服从自己，对儿童的奖励和表扬较少。放任型的父母很少提出要求，他们给儿童最大的行动自由，甚至采取"听之任之"的态度。若父母采用暴躁、严厉的教养方式对儿童词汇联想能力有负面影响，且儿童在入学后更易分心和出现敌意行为（Faithr 等，1999）。多项研究表明，积极的父母教养行为（如温情、接纳、积极的控制—引导、引导性的讲道理以及积极参与儿童的活动）与儿童积极的发展结果相联系，具体包括：社交胜任行为（Chen, Dong, & Zhou, 1997）、较低水平的内隐和外显问题行为（Bishop & Rothbaum, 1992; Pettit, Bates, & Dodge, 1997）、更成熟的认知过程（Pettit, et al., 1997），以及同伴接纳（Clark & Ladd，2000）。

由于儿童的教育任务主要由母亲承担，很多研究专门就母亲的教养方式与儿童的发展进行了研究，结果发现：母亲对儿童所持的温暖、接受态度与儿童前阅读、前数学能力的测试得分积极相关（Hess，Holloway，Dickson，& Price，1984）。相反，母亲的惩罚对儿童幼儿园时的认知能力有负面的影响（Culp，Hubbs-Tait，Culp，& Starost，2000；Fagot & Gauvain，1997；Olson，Bates，& Kaskie，1992）。在控制了 SES 和母亲智力的影响后，母亲较少惩罚和较少控制有利于儿童的入学准备状况，并进而有利于提高其学习成绩（Estrada，Arsenio，Hess，& Holloway，1987；Pianta，Nimetz，& Bennett，1997；Pianta，Smith，& Reeve，1991）。陶沙（1994，1998）、王耘（1999）的研究发现：幼儿年龄越大，母亲与其进行的共同活动越多，便会给予其更多的认知刺激与指导，并越多地向孩子表达称赞与接受等积极情感。且 3 ～ 5 岁儿童的母亲在消极情感的表达方面具有下降趋势，而在 5 ～ 6 岁却显著升高。Britto 等（2006）发现，在教育过程中，母亲采取支持—引导的方式、以生动的语言给儿童讲故事，儿童的语言能力发展要优于其他儿童。亲子共读活动可以有效地促进儿童的语言技能、口头表达、学业成就，此外也提供了儿童发展基本社会技能的机会，如谈话中的话轮转换、自我表达、自我调节能力等（Britto，Brooks-Gunn，& Griffin，2006；Farver，et al.，2006）。

对父母教养行为类型学进行的研究揭示出父母对待子女的方式有所不同，且不同的教养类型对儿童发展的作用存在差异，这些研究曾显著促进了父母教养行为的有关研究。然而，由于父母的教养行为本身相当复杂，仅从类型学角度进行研究难以进一步具体深入地揭示现实生活中父母教养行为的实际

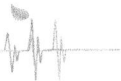

特点。类型的划分侧重于总体倾向的概括化把握，但是却难以考察父母施之于子女各方面具体教养行为的特点。因此，本研究把父母教养类型学与父母具体的教养行为，即亲子日常活动进行了整合，多种渠道考察父母的教养行为对儿童入学准备的影响，这不仅可以弥补父母教养类型学研究的不足，深化对父母教养行为的研究，而且对父母教养行为的改善也有重要的应用价值。

3. 亲子关系

亲子关系是儿童社会化过程中最初形成的关系，是家庭中最基本、最重要的关系，也是影响儿童发展最重要的关系之一。良好的亲子关系使成长中的孩子习得基本知识、技能、行为及价值观，促使其成功地发展各种社会人际关系（Maccoby，1992；Mitchell，Billings，& Moos，1982；Tucker & Updegraff，2009）。相关实证研究表明，温暖、安全型的亲子关系能促进儿童的发展，与拥有不安全的亲子关系的儿童相比，拥有积极、安全的亲子关系的儿童在认知发展测验上得分更高，且有较好的同伴关系，而在问题行为上得分较低（Elicker & Fortner-Wood，1995；Goossens & Ijzendoorn，1990；Howes & Hamilton，1992；Moss，Parent，Gosselin，Rousseau，& St-Laurent，1996）。相反，消极的亲子关系，如不信任和不安全的亲子关系对儿童的注意力有负面的影响（Fearon & Belsky，2004；Hubbs - Tait，Culp，Culp，& Miller，2002）。国外关于亲子依恋研究的专家认为，安全型依恋可以使儿童自信、好奇、富有同情心和坚持性，在自我控制、社会交往与合作等方面有更好的表现。而消极的依恋关系将导致儿童焦虑、孤独、敌对和日后人际关系中信任感的缺乏（Matas，Arend，& Sroufe，1978）。

4. 家庭文化背景

家庭是社会的主要单元，家长是孩子的第一任教师，因此家庭文化背景在一定程度上也影响了孩子的学前教育。国外很多研究考察了家庭文化背景对儿童入学准备的影响。如：Pelletier 和 Brent（2002）的研究表明，在以英语为第二语言的家庭中，父母对子女入学准备目标的设定更多地和学业相关，而以英语为母语的家庭中目标更多地与社会性发展相关。Kinlaw 等的（2001）研究发现，华裔美国儿童比欧裔美国儿童表现出更强的自制力和更高的入学准备测验得分，华裔美国母亲比欧裔美国母亲更重视"努力"等因素对未来学业的影响。有研究发现，其他种族儿童在读写能力和社会性发展方面的入学准备状况要落后于白种人儿童（Stipek & Ryan，1997；Zill，1999）。黑种人儿童认知能力的准备状况比白种人儿童差（Jencks & Phillips，1998）。Lee and Burkam（2002）的研究发现，白种人儿童的数学能力比黑种人儿童高 21 个百分点，比西班牙裔儿童高 19 个百分点，且白人儿童在阅读（G.J. Duncan & Magnuson，2005）和词汇（Brooks-Gunn，Klebanov，Smith，Duncan，& Lee，2003）的准备状况表现较好。Phillips、Crouse 和 Ralph（1998）研究发现，白种人儿童与黑种人儿童学业成绩的差异会随着时间的推移而增大，其中十二年级学业成绩一半的差异都能被入学时成绩差异所解释。与白种人儿童相比，其他种族的儿童在进入正规学校时更可能存在语言、文学、社会性和其他所需技能的不足（Child Trends & Center for Child health research，2004；Early et al.，2007）。

（二）影响儿童入学准备的幼儿园因素

幼儿园是儿童接触社会、适应生活的第一个重要场所，是儿童迈出家庭以后进入正式学校教育以前的一个重要的集体组织，是儿童发展中影响较大的微环境。幼儿园作为与小学相衔接的教育阶段，其软、硬环境的创设对于儿童的入学准备状态有着极其重要的意义。

1. 是否接受学前教育对儿童入学准备的影响

相关实证研究发现，是否接受学前教育对儿童的入学准备具有重要的影响。如：佛得角和几内亚的研究发现，接受学前教育的儿童在其 5 岁时的认知发展能力比没有接受学前教育的儿童高 0.5 个标准差（Jaramillo & Tietjen, 2001）。美国的一项研究发现，高质量的早期发展项目能促进儿童的认知和语言发展（Love et al., 2003）。The National Institute of Child Health and Human Development （NICHD）的一项追踪研究（Study of Early Child Care and Youth Developmen, SECCY）发现，参与高质量的早期项目能促进儿童小学期间的词汇发展（Belsky et al., 2007）。英国 EPPE（the Effective Provision of Pre-school Education）项目的研究也发现，高质量的学前教育项目能促进儿童的认知和语言发展（Sammons et al., 2004）。有关脑的研究也强调了提供高质量的早期学习环境能够促进儿童神经的发育（Bergen & Coscia, 2001; Shonkoff & Phillips, 2000）。然而，相关研究表明，接受学前教育对于男孩和女孩的作用不同，如有研究发现学前教育对于女孩的作用比男孩更大（Clarke-Stewart & Allhusen, 2005; Ewing & Taylor, 2009），甚至对男孩有负面的作用(Crockenberg,

2003）。

2. 入园年龄与儿童的入学准备状况

儿童进入幼儿园的年龄对其入学准备有重要的意义。相关研究发现，儿童进入幼儿园的年龄越早，其入学准备状况越好（Field，1991；Gullo & Burton，1992，1993；Howes，1988）。在大规模调查中也发现了类似的结果：英国 The Effective Provision of Pre-School Education （EPPE）项目对英国全国代表性样本的研究结果表明，较早开始接受学前教育儿童的认知和社会性都发展得更好（Sylva，2001）。Loebd 等（2007）通过回归模型的工具变量和倾向分数等不同的方法对 EPPE 项目的数据进行分析，得到了一致的结果，即 2～3 岁时进入托儿所的儿童受到的积极影响最大（相对于更小或更大的年龄）。我国研究者研究发现，较晚入园（3.5 岁以后）的儿童 4 岁时的认知水平低于 3.5 岁之前入园的儿童，过早（2 岁之前）入园并没有使儿童受益，他们的认知水平并没有显著高于 3.5 岁以后入园的儿童（张佳慧，辛涛，& 陈学峰，2011）。综上所述，接受一定量的幼儿园教育可能会促进儿童的入学准备中某些领域的发展。

国外相关研究已经发现，家庭和幼儿园因素对儿童入学准备有重要的影响。然而目前我国针对儿童入学准备家庭和幼儿园影响因素的实证研究较少，且国外已有研究主要探讨了是否参与早期干预项目和入园年龄等因素对儿童入学准备的影响，而对于幼儿园类型、在园年限和幼儿园大班班额这些幼儿园因素对儿童入学准备影响的研究仍然是空白。

第四章　新的研究视角对入学准备研究的意义

　　基于变量中心的分析方法（Variable-centered approach）和基于个体中心的分析方法（Individual-centered approach）是发展心理学研究中两个重要的分析方法。基于变量中心的分析方法是对变量间关系的分析，其最基本的假定就是个体与个体之间不存在显著差异，可以被认为是一样的或相似的，即认为所研究的被试总体是同质的，运用这种方法所揭示的是从个体身上抽取出来的平均的心理过程，而非每个个体心理或行为的独特组织与结构（von Eye & Bogat，2006；纪林芹 & 张文新，2011）。基于个体中心的分析方法代表着心理学研究中另一种不同的分析思路，是发展研究中以变量为中心的补充，其理论基础是发展的整体—互动观（Bergman，Magnusson，& El-Khouri，2003；von Eye & Bogat，2006）。这种理论观点强调，发展是作为整体的个体的发展，而非某个变量的发展，是互动的过程。Bergman 指出个体的发展过程是动态的、复杂的，个体是一个整合了心理、生物和社会特征的整体，并不是变量的总和（Bergman, et al., 2003）。与变量定向的方法不同，在以个体为中心的方法中，恰当地描述个体比描述个体的平均状况更有意义。以个体为中心的方法基于个体在所研究的变量（或其关系）上的相似性来确定同质个体类别或亚组，基本思想是同一类别或亚组内尽可能同质，类别或亚组间尽可能异质。目前以个体为中心的统计方法主要采用的是聚类分析，包括分层聚类分析（hierarchical clustering methods）与非分层聚类分析（如 K-means 聚类）两大类。依所使用的相似性（similarity）或距离（distance）指标的不同，分层聚类分析又可以分为 Ward 聚类、单连接、全联系、平均连接法、质心连接法、中位数连接法等多种方法。随着统计技术的发展，越来越多的研究者认为两步聚类法（Two-steps Cluster Analysis）通过比较不同聚类结果的模型，程序会自动确定最优聚类数，可以有效地分析大样本数据，弥补了分层聚类和快速聚类的缺点并整合了二者的优点（陈超 & 邹滢，2009）。

目前关于儿童入学准备领域的大量研究，无论是对儿童入学准备的特点的研究，还是考察入学准备的影响因素或者是对其发展结果的影响，大部分是通过基于变量中心的分析方法得出的。相对而言，这种分析方法忽视了一些重要的个体差异。因此，有必要进一步多视角、系统地探讨我国儿童的入学准备状况，这对于丰富和完善入学准备相关理论具有重要意义。

第五章 　认识学校适应

第一节　学校适应的内涵

　　"适应"是一个应用非常广泛的概念，它源自拉丁文"adaptare"。最早在科学意义上使用"适应"概念的是生物学，后来社会学、文化学、心理学借用了这一概念。适应（adaptation）原属生物学命题，意指生物有机体调整自身的生存形态以顺应已改变了的生存环境的活动形式。在心理学中以此概念来表示个体在生存环境发生变化时，调整自身的身心状态顺应这种改变的过程。很多心理学家对这一过程做了研究，"适应"成为心理学中的一个重要的概念，心理学范畴里使用"适应"这一概念时通常有三个角度：一是生物学意义上的适应，即生理适应，如感官对声、光、味等刺激物的适应；二是心理上的适应，通常是指遭受挫折后借助心理防御机制来使人减轻压力、恢复平衡的自我调节过程，这是一种狭义的适应概念；三是对社会生活环境的适应，包括为了生存而使自己的行为符合社会要求的适应和努力改变环境以使自己能够获得更好发展的适应，这是社会适应的概念（贾晓波，2001）。著名瑞士儿童心理学家皮亚杰对适应做了系统的研究，认为，智慧的本质从生物学来说是一种适应，它既可以是一个过程，也可以是一种状态。有机体是在不断运动变化中与环境取得平衡的，它可以概括为两种相反相成的作用同化和顺应。适应状态则是这两种作用之间取得相对平衡的结果。这种平衡不是绝对静止的，某一个水平的平衡会成为另一个水平的平衡运动的开始。如果机体与环境失去平衡，就需要改变行为以重建平衡。这种平衡→不平衡→平衡的动态变化过程就是适应，也是儿童智慧发展的实质和原因。

学校在个体的成长过程中起着重要的作用，个体离开家庭走向社会的第一步就是来到学校学习，学校是他们社会化的重要场所，适应学校生活是儿童早期发展的一个重要任务，也是影响儿童后期发展的重要因素。"学校适应"是儿童青少年研究的一个重要课题。然而关于学校适应的定义，不同的研究者从自己的学科角度，根据研究目的给出不同的定义，目前并没有达成统一的意见。Birch（1989）认为学校适应不仅指学生的学校表现，而且包括学生对学校的情感或态度及其参与学校活动的程度。Raymond（1994）认为"学校适应"是在学校背景下运用技能和能满足自己需要的程度，儿童可被描述为适应良好和适应不良。Ladd（1997）提出的学校适应模型主要针对幼儿园至入学后的低年级儿童，他认为学校适应是儿童试图适应学校要求的动态过程，是儿童在学校环境中感到愉快并投入学校活动中获得成功的程度。Sangeeta（1999）的学校适应模型主要针对小学三年级的儿童，从学校适应和社会性适应两个方面阐述了学校适应，认为学校适应主要是指学习成绩和对学习的喜爱程度；社会性适应主要是指人际关系、社会技能和对学校的喜爱程度。其中，Ladd的定义被大多数研究采纳。

对学校适应含义认识上的分歧，必然导致对学校适应构成研究的不一致，更谈不上公认的结构体系。西方学者关于适应性的研究焦点分别集中在认知适应性、角色适应性、人际技能与职业适应性等具体领域。Ladd（1997）将学校适应性分为学业行为、学校喜好、学校回避、班级参与、自我指导等方面。Mathur（1999）认为学校适应包括学业适应和社会性适应两个大部分，其中学业适应包括学业成绩和对学习的喜爱程度；社会性适应包括同伴关系、与教师的关系、社会技能和对学校的喜爱程度。从20世纪80年代中后期以来，国内陆续出现了一些对大学生心理适应状况以及适应结构的研究。陶沙（2000）提出了大学生入学适应结构的五因素相关模型，包括学习适应、人际适应、生活自理适应、环境的总体认同、身心症状表现五个方面。方晓义等（2005）认为大学生学校适应由七大维度构成，分别是人际关系适应、学习适应、校园生活适应、择业适应、情绪适应、自我适应和满意度。

总之，不同的研究者会依据其研究被试、目的和兴趣的不同，采用不同的测查指标。对学校适应早期的研究考察的指标相对单一，如缺勤率、辍学率、学习成绩等。随着学校适应研究的深入，一些研究者提出了相对全面的学校适应评价指标，如：Ladd认为学校适应主要包括儿童的心理能力、智能、与教师的关系、与同学的关系。作为学生，必须能够恰当地应对学校环境，完成学生角色应该承担的学习任务，能够正常参加学校活动，这是学校适应的本质。但从小学到大学，学校生活是千差万别的，在不同时期、不同学段，学生遇到的适应重点也有很大的差异，因此学校适应也随之包含不同内容。

作为小学低年级学生，儿童所面对的挑战就是从幼儿的保育阶段向独立的学习生涯的转变，其学校适应主要应包括：对待学校的态度，如喜欢或回避学校；学习行为及其相关能力，如任务取向能力、行为控制能力等；人际关系状况，如师生关系、同伴关系。

第二节　学校适应的测量

目前有关学校适应主要采用问卷法进行测量，使用的测量工具主要有三种：① 选取与心理健康相关的成熟量表，从不同角度说明学校适应问题，如选用儿童行为量表（CBCL）、Conners 问题行为量表等测量行为适应状况（Chen，Liu，& Li，2000），选用儿童孤独问卷和儿童社交焦虑问卷测量儿童的情绪适应状况（战欣，孙丹，& 董振华，2005），选用儿童的社会行为问卷"班级戏剧"测量人际适应状况（曾琦，芦咏莉，邹泓，董奇，& 陈欣银，1997）。② 选取专门针对学校适应的测查问卷，使用比较广泛的学校适应问卷，包括学校适应问卷（School Adjustment Questionnaire，SAQ，Israelashvili，1989）和教师—儿童评定量表（Teacher–Child Scale 2.1，T–CRS2.1，Perkins & Hightower，2002）。其中，SAQ 包括 12 个自评题目，采用从"完全同意"到"完全不同意"的 5 点计分，问卷的内部一致性系数为 0.70。T–CRS2.1 是一个基于美国 Primery Mental Health Project 项目，经过多次修订形成的量表，共 32 个题目，包括任务取向、行为控制（Behavior Control）、自表能力（Assertiveness）和同辈社交能力（Peer Social Skills）四个维度，采用从"完全同意"到"完全不同意"5 点计分，问卷的内部一致性系数为 0.95。③ 自编问卷，根据自

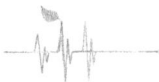

己的研究对象与研究目的自编量表。如刘万伦（2004）自编的学校适应量表包括学校喜好性、环境适应性两个维度，其中学校喜好性包括情感生活、班级融入程度，环境适应性指儿童的人际交往、学业行为及对新环境的适应性。汪清华（2007）编制的《中小学生学校适应问卷》，包括学习适应、行为适应、情绪适应、人际适应、行为控制、学校态度六个维度，适用于小学高年级和初中学生。

综上所述，已有关于学生学校适应的评价者主要包括教师、家长、同伴和学生自己，每一种学校适应问卷并不能涵盖学校适应的所有内容。学生自评一般适用于小学高年级及以上的被试。本研究的研究对象是小学低年级学生，而处于此阶段小学生的重要他人主要是教师和家长，因此本研究利用教师和家长两类评价者对儿童的学校适应进行评价，其中教师评价的测查工具包括 T-CRS2.1 和师生关系问卷，家长评价的测查工具包括学校喜好和学习行为问卷，以期更加全面、客观地了解低年级小学生的学校适应状况。

第三节　学校适应的相关研究

目前已有的学校适应发展特点的实证研究较多，但由于研究关注重点不同、对象群体不同呈现多样性的研究结果。如 Bongers 等（2004）对儿童青少年的追踪研究发现，攻击和敌对行为随着时间增加而减少，孤立行为随着时间增加而增多。Tan（2009）对 12 岁以下女孩两年的追踪研究发现，儿童的行为适应和学习表现相对稳定，而内在问题行为随着年龄的增加而增多。我国研究者刘万伦（2004）对小学的二、四、六年级和初中三个年级学生的研究发现，中小学生学校适应性总体呈现随年级升高而下降的趋势，显著表现在小学四年级到六年级、初一到初二年级段，但不同方面发展趋势不一样。宋爱芬、张向葵和高丽（2007）对小学五年级到高中三年级学生的研究发现，中小学生的学校适应水平随学级升高而下降。而汪清华、张通昌和孙晓明（2007）对小学三年级到初三年级的学生的研究得到不一致的结果，即随着年级的升高，学生学校适应水平呈现先升后降的趋势。

在学校适应研究方面，除了了解儿童青少年学校适应的基本情况外，更重要的研究领域就是对影响儿童青少年学校适应的相关因素的研究。目前研究表明：影响儿童青少年学校适应既与主体自身的人格特点、自我意识水平、成就动机等内在因素有关，也与家庭、同伴、学校教育等外在因素有关。由于儿童青少年的人格、自我意识、成就动机等处在发展变化中，表现为不稳定的特点，所以从内因方面研究的较少。有些研究只是从学校适应不良的内因表现方面进行的，如学校适应不良的人格表现为情绪不稳定、紧张、焦虑和悲观等。研究儿童青少年学校适应的相关因素，更多的是从家庭、同伴关系、社会支持、生活压力等外在因素来研究。家庭是影响儿童青少年学校适应的重要因素，主要表现在父母的教养方式、父母的文化程度、父母关系、家庭关系等方面。这些研究大都集中在 12 岁以前的儿童学校适应，主要研究结论有：父母的教养方式与儿童的学业成绩、社会适应性有密切的关系。父母严厉的教育方式与儿童被同伴拒绝的程度、儿童的攻击性、学习问题呈正相关，而与儿童被接纳的程度、儿童的社交能力、学习成绩呈负相关。父母民主的教育方式与儿童被同伴接纳的程度、儿童的社交能力呈正相关，而与儿童的攻击性、学习问题和儿童被同伴拒绝的程度呈负相关（曾琦，1997）。

第六章　儿童入学准备与学校适应的关系

　　学校适应作为衡量儿童学校表现的重要指标，是指儿童在学校背景下愉快地参与学校活动并获得学业成功的状况（Ladd, Kochenderfer, & Coleman, 1997）。相关研究发现，儿童早期的认知技能、身体和心理健康、情绪水平等对儿童的学校成就及后来的成功有重要的影响（Huffman, Mehlinger, & Kerivan, 2000；National Research Council and Institute of Medicine, 2000；Raver, 2002）。但这些研究主要集中在入学准备的某一个领域对儿童后期学业成绩的影响，很少从综合层面考察入学准备对其后期学校适应的影响，具体表现如下：

（一）儿童身体健康与动作技能发展与学校适应

　　身体健康和动作技能作为入学准备的重要内容之一，对儿童后期发展具有重要的意义。相关实证研究发现，身体的健康状况对儿童的心理发展有重要的影响。例如，Powell（1974）研究发现，低体重儿童（出生时体重低于 2.5 千克）比正常儿童存在更多的身体、行为和心理问题。Hack 等（2002）研究发现，低体重儿童认知发展的负面效果开始于童年早期，在学龄阶段，低体重儿童在学习无能、学业困难、行为问题方面也存在较高的风险，在控制了其他社会经济地位因素后，低体重儿童数学和阅读测验的得分仍低于正常儿童。

精细动作技能作为儿童时期重要的学习内容，对儿童来说是一个具有多方面重要意义的发展任务。19 世纪 80 年代关于入学准备的 74 个研究一致地认为，身体技能，特别是精细动作能力能够显著预测后期的学习成绩（Tramontana，Hooper，& Selzer，1988）。Agostin 和 Bain（1997）的研究也发现，幼儿园时的精细动作能力能够有效地区分儿童在小学阶段是否需要接受特殊教育。相反，早期动作技能的缺失会导致后期学龄儿童的语言障碍（Gaines & Missiuna，2007；Hill，2001；Webster，Majnemer，Platt，& Shevell，2005）。许多研究也证明，早期动作技能协调性不足与儿童小学时的低自尊和孤独感相关联（Piek，Dworcan，Barrett，& Coleman，2000；Schoemaker & Kalverboer，1994；Skinner & Piek，2001）。但是，目前有关儿童动作技能对后期社会情绪影响的研究主要集中在临床样本被试中（Dewey，Kaplan，Crawford，& Wilson，2002；Smyth & Anderson，2000）。

（二）儿童的情绪和社会性发展与学校适应

儿童入学准备中的情绪和社会性发展对其学校适应具有重要的影响。相关研究发现，儿童入学准备中的情绪和社会性发展会影响儿童与同伴关系。

例如，Denham 等（1986）的研究表明，能够产生较多表情和能够确认较多表情的儿童更受同伴欢迎。Badenes 等（2000）的研究也发现，儿童的情绪理解能力越强，他们在同伴群体中越受欢迎。Gardner（2005）的研究发现，幼儿对引发情绪的情境的正确认识与其被同伴接纳显著相关。

也有研究发现，儿童入学准备中的情绪强社会性发展会影响其学校适应的行为表现，如我国研究者邓赐平等（2002）的研究发现幼儿的情绪认知对其社会行为表现有较高的预测效应，即使在回归分析中排除了性别和年龄差异的影响之后，幼儿的情绪认知仍然能够独立地显著负向预测幼儿退缩行为，并正向预测其亲社会行为。

然而更多的研究集中探讨了儿童入学准备的情绪强社会性发展对其学习成绩的影响，如 Ladd（1999）研究发现，幼儿园时的班级融入（如遵守规则和遵从老师的要求）与其幼儿园时的学习成绩显著相关。Agostin 和 Bain（1997）的研究发现，幼儿园结束时的合作和自我控制能力能够预测儿童一年级时的退学可能性和阅读、数学成绩。McClelland（2000）研究发现，儿童早期的合作和自我控制能力能够显著预测其幼儿园到小学二年级的学习成绩。Clements（2001）研究指出，密歇根入学准备计划（The Michigan School Readiness Program，MSRP）就是通过促进儿童的社会性和认知能力发展，从而对儿童的学习成绩产生积极的影响，这种有利影响在儿童三年级时仍然存在，而且比较稳定。

（三）儿童言语发展与学校适应

学龄前期是儿童言语发展最迅速、最关键的时期，早期言语能力的发展无疑有利于儿童后期能力的发展，已有研究主要探讨了儿童入学准备中的言语能力对其学习成绩的影响。例如，Lonigan 等（2000）研究发现早期的语言技能，包括字母识别能力和语音敏感性是后期学术能力的一个显著预测因素。Foster 和 Miller（2007）的研究发现，儿童在幼儿园时的语言发展能力对他们入学后的阅读能力进行准确的预测，早期言语能力的发展对儿童入学后直至三年级的阅读能力均有影响。相反，如果儿童言语能力发展不好会不利于其学校适应状况。例如，Irwin 等（2002）研究认为语言缺陷会伴随有持续增加的行为问题和社交拒斥问题。所以有必要研究语言发展领域的准备状况及其与学校适应的关系，以便及早发现儿童语言发展中的不足，并为他们可能存在的发展风险进行及早干预提供参考。

（四）儿童的学习方式与学校适应

"学习方式"是指学生在完成学习任务的过程中基本的行为和认知取向，是学生在自主性、探索性、合作性方面的基本特征。已有一些研究探讨了儿童入学准备的学习方式对其学校适应的影响，但是多数研究集中探讨儿童学习方式对其学习成绩的影响，如 Hinshaw（1992）研究发现，缺乏任务坚持性、冲动性儿童后期的学业表现较差。Sperling（2003）对早期课堂学习行为与阅读能力发展之间的关系进行了研究，指出儿童早期的课堂学习行为与以后的阅读能力显著相关。Aunola 等（2006）的研究发现儿童的学习动机、学习兴趣对其数学成绩有重要影响。唐久来等（1996）采用自编的学习方式调查表对合肥市 2100 名中小学生进行了调查。调查结果显示：中小学生学习方式与学习成绩密切相关。童梅玲等（1997）对 119 名小学生的出生情况、家庭情

况、学习情况以及在校表现等 32 个因素进行了测查，将这些作为学习成绩的影响因素并进行了逐步回归，得出学习方式和父母的文化程度作为贡献最显著的因子对学习成绩影响最大。也有个别研究探讨了儿童学习方式对其学习行为的影响，结果发现儿童在入学时缺乏学校所需要的学习和情绪、社会性技能，他们在后期的学校生活存在学习和行为困难（Konold & Pianta，2005；Raver，2002；West，Denton，& Gorman，2000）。

（五）儿童的认知和一般知识与学校适应

儿童的认知能力和一般知识一直是发展心理学家关注的热点问题，已有研究主要探讨了儿童入学准备的认知和一般知识对其学习成绩的影响。例如，Reynolds（1989）对 1 539 名少数民族儿童的研究发现，儿童在幼儿园入学时的认知能力对其一年级的阅读和数学成绩分数和社会情绪成熟度有间接的影响。在进入幼儿园时，有较强认知能力的儿童三年后的成绩测验分数更高、留级和需要特殊教育的可能性更小（Pianta & McCoy，1997）。La Paro 等（2000）对幼儿园儿童的认知、社会性和学习能力对其一年级和二年级的学习成绩影响的已有研究进行了元分析，结果发现儿童早期认知能力大约可以解释其幼儿园、一年级或者二年级认知评价成绩的 25%，这个研究结果表明认知因素在儿童学校表现中占有重要地位。Duncan 等（2007）通过六个大型追踪数据的研究发现，儿童入学时的数学能力能够显著预测其在小学阶段的数学成绩，且预测力高于一般认知能力、班级注意、社会技能和社会经济地位。

综上所述，国外开展了一些关于儿童入学准备对学校适应影响的研究，但是大多数研究基于变量中心的视角，集中探讨入学准备某一指标对后期某一时间点学习成绩的影响（Forget-Dubois，et al.，2007；Hair，et al.，2006；Kurdek & Sinclair，2000；Lloyd & Hertzman，2009）。学校适应衡量的是儿童在学校背景下愉快地参与学校活动并获得学业成功的状况，除学习成绩外的学校喜好、人际关系等同样具有重要的意义（Ladd，1997），且儿童的发展是一个不断变化的动态过程。因此，有必要多视角、系统地考察儿童入学准备对学校适应其他指标及其发展变化速度的影响，进一步考察家庭因素与入学准备对学校适应的交互影响，这对于丰富、完善入学准备的相关理论，改善父母的教育方式，优化家庭的教育环境，对儿童入学准备不足的及早防治、鉴别和矫正具有重要意义。

第七章　调查取样基本情况

本研究采取方便取样的方式，选取北京市某郊区 5 所普通小学的儿童为研究被试，进行 4 次追踪。4 次测试的时间点分别是小学一年级新生入学半个月内（t^1）、一年级第一学期末（t^2）、一年级第二学期末（t^3）和二年级第一学期末（t^4）。采用张厚粲等修订的《瑞文标准推理测验》修订本，结合入学准备问卷测谎题的得分（5 道测谎题中，3 道及以上的题目选择"是"时，视为无效问卷）删掉智力缺陷或者回答无效的被试，t^1 时间点的有效被试为 310 名，儿童平均年龄为 6.74 岁，SD=0.59。其中，男生 162 名（47.8%），女生 142 名（41.9%），性别缺失 35 名（10.3%）。t^1、t^2、t^3、$t^4$4 次测试的有效被试共 256 名，被试流失率为 17.42%，t 检验发现流失被试与有效被试在相关背景因素上差异不显著。

第二节 研究工具

为了全面地收集信息，最大限度地保证资料的准确性，考虑到所调查对象的年龄特点，我们邀请了儿童的家长和教师参与调查，回答有关儿童入学准备、学校适应及其相关影响因素的问题。

（一）相关背景因素调查表

儿童家长填写相关的背景信息因素调查表，内容包括儿童的年龄、性别、父母学历、家庭收入、家庭类型以及是否上过幼儿园、上幼儿园的年龄、幼儿园的类型等。

（二）入学准备家长调查问卷

采用盖笑松等编制的儿童入学准备家长核查表（School Readiness Checklist-Parent version，SRC-P）。SRC-P是在借鉴国外已有工具的基础上，参照NEGP提出的五领域模型，并结合我国儿童的实际发展情况编制的量表。该量表共包含50道题目（其中含5道测谎题），内容涵盖了儿童身体健康和运动技能、情绪和社会性、学习方式、言语发展、认知和一般知识五个领域的发展情况。量表中的每道题目都陈述了儿童日常生活中的行为表现或某种能力，要求家长判断儿童是否存在这些行为或是否具备该能力。例如："在幼儿园时，很少和小朋友一起玩"，"能够清楚地叙述一件比较复杂的事情。"儿童入学准备家长核查表采用0、1计分方式。量表中包含正向题和反向题。对于正向题，"否"记为0，"是"记为1；对于反向题，"是"记为0，"否"记为1。该量表的内部一致性系数为0.80。

（三）父母教养方式问卷

采用中国台湾地区陈富美教授根据 Robinson 问卷所修订的父母教养方式问卷。该问卷共 59 道题目，分别从权威、专制和放任三个维度考察父母教养方式。权威维度包括温暖、说理、民主、随和 4 个子因子。专制维度包括命令、体罚、不说理、语言攻击 4 个子因子。放任维度包括缺乏坚持性、忽视、自信 3 个子因子。采用从"从不"到"总是"5 点计分，将温暖、说理、民主、随和 4 个子因子的平均分之和作为权威维度的总分；将命令、体罚、不说理、言语攻击 4 个子因子的平均分之和作为专制维度的总分；将缺乏坚持性、忽视、自信 3 个子因子平均分之和作为放任维度的总分。本研究中问卷各维度内部一致性系数在 0.70 ～ 0.93 之间。

（四）亲子日常活动问卷

亲子日常活动问卷在参考已有相关研究的基础上自编而成，主要包括父母与儿童的日常活动，共 21 道题目。主要涉及认知互动（如家长给孩子讲故事或和孩子一起阅读；家长和孩子阅读时，家长用手指着文字阅读内容）、社会性互动（如当家里来客人的时候，父母会鼓励孩子与客人交流；孩子与同伴发生矛盾时，家长会给予建议，但尽量让孩子自己解决问题）和户外互动（如带孩子进行一些必要的身体锻炼活动，如跑步、打球等；周末或假期，家长带孩子进行爬山、外出旅行等活动）三个方面的内容。本研究中该问卷的内部一致性系数为 0.85。

（五）亲子关系满意度问卷

亲子关系满意度问卷是在参考已有相关研究的基础上自编而成，包括 4

道题，分别为：（1）为人父母，你得到的满足感有多少？采用"十分满足""比较满足""一般""不太满足"和"没有满足感"5点计分；（2）总的来说，你的儿子（或女儿）的行为令你感到开心吗？采用"十分开心""比较开心""一般""不太开心"和"完全不开心"5点计分；（3）总的来说，你觉得你和你儿子（或女儿）相处得怎样？采用"十分好""比较好""一般""不太好"和"完全不好"5点计分；（4）对你来说，你觉得做父亲/母亲是一件愉快的事情吗？采用"总是觉得""几乎总觉得""经常觉得""有时觉得"和"从来没有觉得"5点计分。4道题目的平均分为亲子关系满意度的总分，分数越高表明对亲子关系越满意。本研究中该问卷的内部一致性系数为0.78。

（六）学校适应问卷

采用唐浪（2004）修订的教师—儿童评定量表（T-CRS2.1），该量表主要用于1～8年级中小学生，共32道题目，4个分量表：任务取向（Task Orientation），评估儿童与学校相关任务的能力状况；行为控制（Behavior Control），评估儿童忍受和适应学校环境强加的或孩子自身限制的能力；自表能力（Assertiveness），测量儿童人际功能和与同辈交往的信心；同辈社交能力（Peer Social Skills），测量儿童在同辈中受欢迎程度及与同辈互动得如何。每个分量表含8道题目，4道积极题目和4道消极题目，每道题采用从"非常不同意"到"非常同意"5点计分。每个分量表得分均为（24－4道消极题目得分之和＋4道积极题目得分之和），四个分量表得分相加为学校适应总分，分数越高则说明学校适应越好。本研究中4个分量表和总体的内部一致性系数分别为0.89、0.84、0.84、0.89、0.95。

（七）师生关系问卷

师生关系问卷的原问卷由 Pianta（1994）编制，经王耘（2002）修订，共有 28 道题目，分为亲密性、冲突性和反应性三个维度，采用教师报告，要求班主任根据与学生的日常关系采用"非常不符合"到"非常符合"的 5 点计分。本研究选取师生关系问卷各个维度中载荷较高的共 10 道题目进行研究，其中亲密性、冲突性和反应性维度的题目数依次为 3、4、3。各维度计平均分，各维度分数之和为量表总分。本研究中该问卷的内部一致性系数为 0.83。

（八）学校喜好问卷

学校喜好问卷是在参考 Teacher Rating of School Liking and School Avoidance（[TRSSA] Birch & Ladd, 1997）问卷基础上编制，共 8 道题目，包括学校喜欢（5 道，如"喜欢上学"）和学校回避（3 道，如"经常说要是不用上学就好了"）两个维度，采用"不符合""不太符合""中等""较符合"和"完全符合"5 点计分。本研究中学校喜欢维度的内部一致性系数为 0.87，学校回避维度的内部一致性系数为 0.71。

（九）学习行为问卷

学习行为问卷是在借鉴 Biggs（1987）编制，经王耘（2001）修订，共有 16 道题目，包括学习兴趣、学习信心和学习效能感三个维度。儿童家长采用从"不符合"到"完全符合"5 点计分，三个维度的平均分为学习行为总分，得分越高表明学习行为越好。本研究中，该问卷的内部一致性系数为 0.88。

第三节　施测程序与数据处理

数据收集采用多次测试的追踪研究方法。在学生进入小学 15 天内进行第一次测试，由家长填写背景信息、儿童入学准备家长调查问卷、父母教养方式问卷、亲子日常互动问卷和亲子关系满意度问卷。第二、三、四次测试分别在一年级第一学期末、第二学期末和二年级第一学期末进行，由教师针对儿童每个学期学校适应的具体情况填写小学低年级学生学校适应问卷和师生关系问卷，家长填写儿童学校喜好问卷和学习行为问卷。家长问卷研究者将每份问卷放入信封，请学生将问卷带给家长，由家长填完，再带回学校。教师问卷有经过培训的主试对教师集体施测。

采用 SPSS17.0 统计软件对数据进行描述性统计、相关分析和回归分析；采用 HLM6.0 对数据进行多层线性模型分析，采用 AMOS18.0 统计软件构建结构方程模型。

第八章　儿童入学准备特点的实证研究

　　"入学准备"是指学龄前儿童为了能够从即将开始的正规学校教育中受益所需要具备的各种关键特征或基础条件（Gredler，2000）。儿童的入学准备状况对其后期的发展具有重要的意义。国外有关儿童入学准备特点的研究虽然较多，但大都集中考察入学准备某一指标，很少有研究者将入学准备作为一个整体进行系统的探讨。多数研究者认为入学准备包括身体健康和动作技能、情绪和社会性、言语发展、学习方式以及认知和一般知识五个领域的内容，但是这五个领域并不是相互独立的，而有较高的相关。随着统计技术的发展，两步聚类法（Two-steps Cluster Analysis）通过比较不同聚类结果的模型选择准则，程序会自动确定最优聚类数，可以有效地分析大样本数据，弥补了分层聚类和快速聚类的缺点，整合了两者的优点（陈超，邹滢，2009）。变量定向方法与个体定向方法往往被看作是两种截然不同的方法思路，在研究中经常需要整合使用这两种方法，即在采取个体定向方法的同时整合变量定向的方法（纪林芹，张文新，2011）。因此，本研究拟采用基于变量为中心和基于个体为中心的两种方法探讨儿童入学准备的特点，并进一步考察儿童入学准备的年龄和性别差异。

（一）研究被试

采取方便取样的方式，选取北京市某郊区 5 所普通小学的儿童为研究被试，在儿童进入小学一年级一周内，向其家长发放儿童入学准备家长核查表（SRC-P）360 份和儿童相关背景信息，收回有效问卷 341 份，问卷回收率为 94.72%。采用张厚粲等修订的《瑞文标准推理测验》修订本，结合入学准备问卷测谎题的得分（5 道测谎题上，3 道及以上的题目选择"是"时，视为无效问卷）删掉智力缺陷或者回答无效的被试，有效被试为 310 名，儿童平均年龄为 6.74 岁，SD=0.59。其中，男生 162 名，女生 142 名，性别缺失 6 名。

（二）研究工具

研究工具主要包括儿童基本信息调查表以及入学准备家长调查表两个部分。入学准备家长调查问卷采用盖笑松等编制的儿童入学准备家长核查表（School Readiness Checklist-Parent version，SRC-P）。SRC-P 是在借鉴国外已有工具的基础上，参照 NEGP 提出的五大领域模型，并结合我国儿童的实际发展情况编制的。该量表共包含 50 道题目（其中含 5 道测谎题），内容涵盖了儿童身体健康和运动技能、情绪和社会性、学习方式、言语发展、认知和一般知识五个领域的发展情况。量表中的每个题目都陈述了儿童日常生活中的行为表现或某种能力，要求家长判断儿童是否存在这些行为或是否具备该能力。例如"在幼儿园时，很少和小朋友一起玩"，"能够清楚地叙述一件比较复杂的事情"。儿童入学准备家长核查表采用0，1计分方式。量表中包含正向题和反向题。对于正向题，"否"记为0，"是"记为1；对于反向题，"是"记为0，"否"记为1。该量表的内部一致性系数为0.80。

（三）数据管理与分析

采用SPSS17.0统计软件进行数据分析与管理。

（四）研究结果

研究结果采用以变量为中心和以个体为中心的两种分析方法考察儿童入学准备的特点。具体结果如下：

1. 以变量为中心的分析方法考察儿童入学准备五个领域的表现特点

首先计算了儿童入学准备整体及其五个领域的平均数与标准差。并分别以总分和五个领域得分建立参照性评价标准，若低于平均分一个标准差，则属于入学准备薄弱；在平均分左右一个标准差之内（包括左右一个标准差）则属于入学准备中等；高于平均分一个标准差，则属于入学准备优良。以这个标准分别计算了儿童在入学准备总体及五个领域薄弱、中等和优良所占的比例。结果见表8-1。

表8-1　儿童入学准备问卷总分及各领域的平均数、标准差和薄弱、中等、
优良的比例

	N	Mean	SD	薄弱（%）	中等（%）	优良（%）
身体健康与动作技能	310	7.49	1.30	20.30	54.50	25.20
情绪和社会性	310	6.38	1.81	17.70	69.40	12.90
学习方式	310	6.32	2.03	19.70	65.20	15.20
言语发展	310	6.65	1.68	13.90	74.80	11.30
认知和一般知识	310	4.59	2.00	20.00	61.00	19.00
入学准备总分	310	31.44	6.46	15.80	63.90	20.30

由表8-1可见，儿童入学准备薄弱和优良比例最高的均为身体健康和动作技能领域（20.30%和25.20%）、认知和一般知识领域（20.00%和19.00%）；其次是学习方式领域（19.70%和15.20%）、情绪和社会性领域（17.70%和12.90%）；言语发展领域准备薄弱和优良的比例均为最低（13.90%和11.30%）。入学准备整体薄弱和优良的比例分别为15.80%和20.30%。

2. 以个体为中心的分析方法考察儿童入学准备的类型特点

为了了解儿童入学准备的综合状况，以入学准备五个领域为指标，运用两步聚类分析，结果表明儿童入学准备可以分为两大类：第一类为入学准备良好型（入学准备五个领域中，每个领域的平均得分均高于总体平均数）占59.68%；第二类为入学准备不足型（入学准备五个领域中，某个领域或几个领域得分低于总体平均数）占40.32%。为了深入考察入学准备不足型儿童的特点，对入学准备不足型儿童再次进行两步聚类分析，结果发现入学准备不足型儿童可以分为情绪/社会性和学习方式准备不足、认知/一般知识和言语发展准备不足、入学准备综合不足三种类型。情绪/社会性和学习方式准备不足型儿童在情绪/社会性和学习方式领域准备低于平均水平，但其他三个领域的准备状

况与平均水平差异不明显；认知／一般知识和言语发展准备不足型儿童在认知／一般知识和言语发展领域准备低于平均水平，但其他三个领域的准备状况与平均水平差异不明显；入学准备综合不足型儿童在入学准备五个领域均显著低于平均水平，并且显著低于其他三种类型。各类型儿童的比例见表 8-2。

表 8-2 儿童入学准备类型的比例

类型	入学准备良好型	情绪／社会性和学习方式准备不足型	认知／一般知识和言语发展准备不足型	入学准备综合不足型
占总体的比例（%）	59.68	17.42	10.32	12.58
占入学准备不足类型的比例（%）	—	43.20	25.60	31.20

由表 8-2 可见，近 60% 的儿童入学准备良好，在入学准备不足的类型中，比例最高的是情绪／社会性和学习方式准备不足型，其次是入学准备综合不足型、认知／一般知识和言语发展准备不足型。

采用 ANOVA 分析不同入学准备类型儿童在入学准备各领域上的差异情况，结果表明，四种入学准备类型儿童在身体健康和动作技能、情绪和社会性、学习方式、言语发展及认知和一般知识上都存在显著差异，表明对儿童入学准备状况进行的聚类结果是合理的（见表 8-3）。

表 8-3 不同入学准备类型在各个领域的平均数和标准差（M±SD）

	全样本 $n=310$	第Ⅰ类 $n=185$	第Ⅱ类 $n=54$	第Ⅲ类 $n=32$	第Ⅳ类 $n=39$	F
身体健康和动作技能	7.49±1.30	7.83±1.12	7.16±1.29	7.41±1.12	6.44±1.56	15.70***
情绪和社会性	6.38±1.81	7.24±1.40	4.69±1.30	6.75±0.88	4.34±1.45	84.46***
学习方式	6.32±2.03	7.55±1.16	4.66±1.25	5.87±1.44	3.17±1.27	184.49***
言语发展	6.65±1.68	7.59±0.98	6.34±1.07	4.69±1.01	4.27±1.55	144.66***
认知和一般知识	4.59±2.00	5.64±1.57	4.15±1.15	2.60±1.32	1.86±0.94	105.29***

注："*"表示 $p < 0.05$，"**"表示 $p < 0.01$，"***"表示 $p < 0.001$；第Ⅰ类="入学准备良好型"，第Ⅱ类="情绪／社会性和学习方式准备不足型"，第Ⅲ类="认知／一般知识和言语发展准备不足型"，第Ⅳ类="入学准备综合不足型"。

3. 儿童入学准备的年龄和性别特点

为了考察不同年龄组儿童的入学准备状况，首先根据儿童的年龄划分为年幼组（儿童年龄＜7岁，共211人，平均年龄为6.42 ± 0.26岁）和年长组（儿童年龄≥7岁，共90人，平均年龄7.49 ± 0.43岁）。以入学准备总分及其5个领域作为因变量进行独立样本t检验，结果发现：年幼组与年长组儿童在入学准备整体（$t=2.08$，$p < 0.05$）、学习方式领域（$t=2.34$，$p < 0.05$）和言语发展领域（$t=3.23$，$p < 0.01$）差异均显著，表现为年幼组儿童的入学准备好于年长组儿童（见表8-4）。

表8-4　不同组儿童入学准备的平均数和标准差

	年龄 M（SD）		性别 M（SD）	
	组 1n =211	组 2n =90	男 n =162	女 n =142
身体健康和动作技能	7.47（1.28）	7.57（1.36）	7.25（1.31）	7.75（1.25）
情绪和社会性	6.47（1.68）	6.14（2.00）	6.35（1.82）	6.48（1.82）
学习方式	6.48（2.01）	5.88（2.05）	6.24（1.99）	6.42（2.11）
言语发展	6.85（1.50）	6.18（1.98）	6.49（1.78）	6.82（1.57）
认知和一般知识	4.61（1.97）	4.43（2.02）	4.54（2.07）	4.67（1.95）
入学准备总分	31.87（6.13）	30.20（6.96）	30.88（6.73）	32.13（6.17）

不同性别儿童的入学准备状况独立样本t检验发现：女生的身体健康和动作技能好于男生（$t=3.37$，$p < 0.01$）。

其次，对不同年龄和性别组儿童在入学准备类型上的分布进行卡方检验，结果发现：不同年龄组、不同性别儿童在四个类型上分布差异均不显著（见表8-5）。

表8- 5　不同入学准备类型儿童在年龄组、性别上的分布人数和百分比

	第Ⅰ类	第Ⅱ类	第Ⅲ类	第Ⅳ类	χ^2
年幼组	134（63.51%）	36（17.06%）	18（8.53%）	23（10.90%）	6.39
年长组	44（48.89%）	18（20.00%）	13（14.44%）	15（16.67%）	
男	91（56.17%）	29（17.90%）	19（11.73%）	23（14.20%）	1.17
女	90（63.38%）	23（16.20%）	13（9.15%）	16（11.27%）	

注："*"表示$p < 0.05$，"**"表示$p < 0.01$，"***"表示$p < 0.001$；第Ⅰ类

="入学准备良好型"，第Ⅱ类="情绪/社会性和学习方式准备不足型"，第Ⅲ类="认知/一般知识和言语发展准备不足型"，第Ⅳ类="入学准备综合不足型"。

（五）结果讨论

1. 儿童入学准备五个领域存在不均衡性

身体健康和动作技能、情绪和社会性、学习方式、言语发展及认知和一般知识是小学入学准备的重要领域。本研究发现，这几个领域的发展存在明显的不平衡性，入学准备整体准备薄弱的占15.80%，认知和一般知识领域准备薄弱的占20.00%，言语发展领域准备薄弱的占13.90%，学习方式领域准备薄弱的占19.70%，情绪和社会性领域薄弱的占17.70%，身体健康和动作技能领域准备薄弱的占20.30%。

儿童在入学准备上表现出的不均衡现象一方面可能是由于家长教育观念的问题，即家长对儿童全面均衡发展认识不足。刘利丹（2007）在"家长关于早期教育相关问题观念的调查研究"发现，家长对某些教育内容的认识仍存在不足之处，例如，将"孩子各方面平衡发展"排在第一位的家长仅占18.36%，在所有的题项中，排在倒数第四位，可以看到，孩子各方面的全面发展没有得到家长的足够重视。另外，家庭养育的特点也加剧了失衡的早期教育，随着我国独生子女政策的实施，"4-2-1"家庭（4个祖辈、2个父辈、1个孩子）越来越多，一方面期望孩子能出人头地；另一方面又期望孩子"少吃苦"。在生活上祖辈包办，致使儿童的独立性和社会性技能缺失。该结果表明儿童的入学准备存在明显的不均衡性，这就要求我们一方面在早期教育中不应忽视学习兴趣、学习方式的积累、积极情绪情感的培养以及社会性发展的促进；另一方面，儿童入学之后，教师应该尊重儿童的个体差异，依据儿童的特点因材施教，促进其全面发展。由于本研究被试的代表性问题，其他地区儿童的入学准备状况值得进一步探讨。

2. 儿童入学准备的类型

本研究发现，依据儿童在身体健康和动作技能、情绪和社会性、学习方式、言语发展及认知和一般知识的不同表现，可以把儿童分为入学准备良好型、情绪/社会性和学习方式准备不足型、认知/一般知识和言语发展准备不足型和入学准备综合不足型四种类型。国外研究者 Hair 等应用快速聚类分析的方法将儿童的入学准备发展水平分为四类，其中 30% 的儿童为全面发展型、34% 的儿童属于情绪/社会性/健康突出型、13% 儿童属于情绪与社会性危险型、23% 的儿童属于健康危险型（Hair, et al., 2006）。Konold 和 Pianta 应用分层聚类分析将儿童入学准备分为 6 类，其中 10% 的儿童属于注意力问题型、7% 的儿童属于低认知能力、20% 的儿童属于低/平均社会和认知技能、17% 的儿童属于社会和外部问题、24% 的儿童属于高社会能力、22% 的儿童属于高认知能力和轻微的外部问题（Konold & Pianta, 2005）。与国外的研究相比，我国有 12.52% 的儿童属于入学准备综合不足型，这是国外研究没有发现的。这一结果告诉我们，有相当一部分儿童入学准备的各个方面都低于平均水平，需要引起足够的重视，这可能与我国儿童入学准备没有引起足够的重视及其没有开展专门针对儿童入学准备的干预项目有关。自从 20 世纪 90 年代美国政府把儿童的"入学准备"在《2000 年目标：美国教育法案》中确立为首要目标，美国掀起了儿童入学准备研究的热潮，并且设立了许多国家和州层次专门针对儿童入学准备的干预项目，如美国的起点计划（Head Start Program）、卡罗莱纳州的聪明起点项目（Smart Start program），密歇根州的早期教育项目（pre-kindergarten program）和乔治亚州的彩票基金入学准备项目（lottery-fundedschool readiness program）等。然而，我国有关儿童的入学准备研究处于起步阶段，专门针对儿童入学准备的干预项目几乎是空白。因此，开展儿童入学准备的研究和干预，加大早期教育的投入，小到对于提高儿童后期发展，大到提高人口质量、增强国家未来竞争力都具有重要的意义。

3. 不同年龄组儿童入学准备的差异

受格塞尔生物成熟理论的影响，年龄一度成为入学准备研究的重要分类变量。本研究发现，不同年龄组儿童在入学准备整体、学习方式领域和言语发展领域差异均显著，表现为年龄较小儿童的入学准备好于年龄较大儿童。不同年龄儿童入学准备类型分布差异不显著。1986年7月，我国颁布了《中华人民共和国义务教育法》，其第五条规定：凡年满6周岁的儿童，不分性别、民族、种族，应当入学接受规定年限的义务教育。至今，一直执行的是儿童6周岁入学的规定。Zill（1997）研究发现，年龄较大儿童比年龄较小儿童有更多的协调和言语组织功能问题，正是因为这些原因可能要推迟入学。

4. 儿童入学准备的性别差异状况

本研究发现女生在入学准备的身体健康和动作技能领域要优于男生；男女儿童在入学准备类型的分布上没有显著差异。这可能有其生理基础，研究发现女孩大脑的左半球皮层比男孩稍大一些而且更成熟，而绝大多数人的语言功能位于左半球（Diamond，Johnson，Young，& Sandhu，1983）；有关动作领域性别差异的研究也发现，女孩的精细动作和平衡能力要比男孩强（方富熹，方格，2005）。另一方面，这种差异也可能是男女儿童的经验、早期教育不同导致的。因此，在男女儿童入学准备教育方面要特别关注性别差异的特点。

（六）结论

本研究基于变量中心和个体中心两个视角考察了儿童入学准备的特点，主要得出以下结论：

（1）入学准备各个领域存在不均衡性。准备薄弱的比例从高到低依次为身体健康和动作技能领域（20.30%）、认知和一般知识领域（20.00%）、学习方式领域（19.70%）、情绪和社会性领域（17.70%）、言语发展领域（13.90%），整体准备薄弱的比例为 15.80%。

（2）儿童的入学准备可以分为四种类型：入学准备良好型（59.68%）、情绪/社会性和学习方式准备不足型（17.42%）、认知/一般知识和言语发展准备不足型（10.32%）、入学准备综合不足型（12.58%）。

（3）年幼组儿童在入学准备整体、学习方式领域和言语发展领域均显著好于年长组儿童；不同年龄儿童入学准备类型分布差异不显著。

（4）女生在身体健康和动作技能领域优于男生；男女儿童入学准备类型分布差异不显著。

第九章 儿童入学准备状况的家庭和幼儿园影响因素

自从美国国家教育目标委员会提出入学准备的生态化模型后，入学准备成了国外近年来发展心理学研究的热点问题，取得了很多有价值的研究成果。对于进入义务教育阶段开始接受正规教育的小学生来说，家庭教育和幼儿园环境作为儿童成长的重要影响因素，对于有效促进儿童全面发展非同寻常，具有重要的意义。有研究发现家庭经济地位影响儿童在生理发育、言语能力、视觉运动技能、身体动作等领域的准备状况（Costeff & Kulikowski，1996）。其他相关研究也证实，来自低社会经济地位家庭儿童的入学准备较差（Stipek & Ryan，1997；Zill，et al.，1995）。除此之外，Britto 等（2006）的研究发现，父母在家庭中的语言使用特征和教育策略导致了白种人儿童与黑种人儿童在入学准备上有 25%～60% 的差异，母亲提供高水平支持和引导性参与的儿童表现出更高的入学准备和表达性语言能力。亲子共读活动可以有效地促进儿童的语言技能、口头表达、学业成就，此外也提供了儿童发展基本社会技能的机会，如谈话中的话轮转换、自我表达和自我调节能力等（Britto, et al., 2006；De Jong & Leseman, 2001；Farver, et al., 2006）。家庭教育受特定社会背景影响，不同的社会背景主要包括价值观、信仰系统、法律、社会习俗等，它们通过家长的教育观念和行为、家庭氛围、家庭其他成员提供的支持等途径影响儿童的成长。因此，研究家庭相关因素对儿童入学准备的影响必须考虑社会背景。相关研究也发现，华裔美国儿童比欧裔美国儿童表现出更高的自制力和入学准备测验得分，华裔美国母亲比欧裔美国母亲更重视"努力"等因素对未来学业的影响（Kinlaw, et al., 2001）。有研究发现，其他种族儿童在读写能力和社会性发展方面的入学准备状况要落后于白种人儿童（Stipek & Ryan, 1997；Zill, 1999）。

与国外相比，国内入学准备研究尚处于起步阶段，国内研究者盖笑松等发展的本土化入学准备测量工具，加速了入学准备的本土化研究。但国内对入学准备的研究仍很薄弱，很多领域亟待研究者开展更深入的研究，如缺乏影响儿童入学准备的家庭和幼儿园因素的相关研究。因此，本研究分别探讨家庭和幼儿园因素对儿童入学准备的影响，对更好地识别出儿童入学准备的风险性因素和保护性因素，进而促进教育实践和干预研究的设计具有重要意义，并进一步为帮助家长和幼儿园相关部门做好儿童入学准备工作提供实践依据。

（一）研究被试

采取方便取样的方式，选取北京市某郊区 5 所普通小学的儿童为研究被试，在儿童进入小学一年级一周内，向其家长发放儿童入学准备家长核查表（SRC-P）360 份和儿童相关背景信息，收回有效问卷 341 份，问卷回收率为 94.72%。采用张厚粲等修订的《瑞文标准推理测验》修订本，结合入学准备问卷测谎题的得分（5 道测谎题中，3 道及以上的题目选择"是"时，视为无效问卷）删掉智力缺陷或者回答无效的被试，有效被试为 310 名，儿童平均年龄为 6.74 岁，SD=0.59。其中，男生 162 名，女生 142 名，性别缺失 6 名。

（二）研究工具

1. 入学准备家长核查表（School Readiness Checklist-Parent version，SRC-P）

采用盖笑松等编制的儿童入学准备家长核查表（School Readiness Checklist-Parent version，SRC-P）。SRC-P 是在借鉴国外已有工具的基础上，参照 NEGP 提出的五大领域模型，并结合我国儿童的实际发展情况编制的。该量表共包含 50 道题目（其中含 5 道测谎题），内容涵盖了儿童身体健康和运动技能、情绪和社会性、学习方式、言语发展、认知和一般知识五个领域的发展情况。量表中的每道题目都陈述了儿童日常生活中的行为表现或某种能力，要求家长判断儿童是否存在这些行为或是否具备各该能力。例如："在幼儿园时，很少和小朋友一起玩""能够清楚地叙述一件比较复杂的事情"。儿童入学准备家长核查表采用 0，1 计分方式。量表中包含正向题和反向题。对于正向题，"否"记为 0，"是"记为 1；对于反向题，"是"记为 0，"否"

记为 1。该量表的内部一致性系数为 0.80。

2. 家庭收入

通过询问父母"您家庭总收入／月：_____"一道题目进行测查，原始题目为 5 点计分（① 3000 元及以下；② 3001～5000 元；③ 5001～10000 元；④ 10001～20000 元；⑤ 20001 元或以上）。本研究中由于被试选择③、④、⑤的较少，因此对③、④、⑤选项进行合并，把家庭年收入合并为三类，分别为 3000 元及以下、3001～5000 元、5001 元及以上。

3. 父母受教育程度

包括两道题目，由填写问卷的父亲或母亲回答父亲学历和母亲学历，原始题目为 6 点计分（① 小学或小学以下；② 初中；③ 中专／高中；④ 大专；⑤ 本科；⑥ 研究生或研究生以上），本研究根据需要对选项进行合并，把父母的受教育程度均合并为四类，分别为："小学及以下""初中""中专／高中""大专及以上"。

4. 父母教养方式问卷

采用中国台湾地区陈富美教授根据 Robinson 问卷所修订的父母教养方式问卷。该问卷共 59 道题目，分别从权威、专制和放任三个维度考察父母教养方式。权威维度包括温暖、说理、民主、随和 4 个子因子。专制维度包括命令、体罚、不说理、言语攻击 4 个子因子。采用从"从不"到"总是"5 点计分，将温暖、说理、民主、随和四个因子的平均分之和作为权威维度的总分；将命令、体罚、不说理、言语攻击4个因子的平均分之和作为专制维度的总分；将缺乏坚持性、忽视、自信3个因子平均分之和作为放任维度的总分。本研究中问卷各维度内部一致性系数在0.70～0.93。

5. 亲子日常活动问卷

亲子日常活动问卷在参考已有相关研究的基础上自编而成，主要包括父母与儿童的日常活动，共21道题目。主要涉及认知互动（如家长给孩子讲故事和孩子一起阅读；家长和孩子阅读时，家长用手指着文字阅读内容）、社会性互动（如当家里来客人的时候，父母会鼓励孩子与客人交流；孩子与同伴发生矛盾时，家长会给予建议，但尽量让孩子自己解决问题）和户外互动（如带孩子进行一些必要的身体锻炼活动，如跑步、打球等；周末或假期，家长带孩子进行爬山、外出旅行等活动）三个方面的内容。本研究中该问卷的内部一致性系数为0.85。

6. 亲子关系满意度问卷

亲子关系满意度问卷是在参考已有相关研究的基础上自编而成，包括4道题，分别为：① 为人父母，你得到的满足感有多少？采用"十分满足""比较满足""一般""不太满足"和"没有满足感"5点计分；② 总的来说，你的儿子（或女儿）的行为令你感到开心吗？采用"十分开心""比较开心""一般""不太开心"和"完全不开心"5点计分；③ 总的来说，你觉得你和你儿子（或女儿）相处得怎样？采用"十分好""比较好""一般""不太好"和"完全不好"5点计分；④ 对你来说，你觉得做父亲／母亲是一件愉快的事情吗？采用"总是觉得""几乎总觉得""经常觉得""有时觉得"和"从来没有觉得"5点计分。4道题目的平均分为亲子关系满意度的总分，分数越高表明对亲子关系越满意。本研究中该问卷的内部一致性系数为0.78。

7. 是否进入幼儿园

通过询问父母"您孩子上过幼儿园吗？"一道题目进行测查，采用上过与没上过2点计分。

8. 在幼儿园年限

通过询问父母"如果上过幼儿园的话，孩子入园年龄是：_____岁_____个月？""您孩子入小学的年龄：_____岁_____个月？"本研究通过儿童入小学的年龄与儿童进入幼儿园的年龄相减，得到儿童在幼儿园的年限，并对儿童在幼儿园年限进行如下分类：在幼儿园年限1年及以下、1～2年（包括2年）、2～3年（包括3年）、4年及以上。

9. 幼儿园类型

通过询问父母"您孩子上的幼儿园类型_____"一道题目进行测查，原始题目为4点计分（① 城市公办；② 村镇公办；③ 城市民办；④ 村镇民办）。

10. 幼儿园大班时的班额

通过询问父母"您孩子上幼儿园大班时的班额为_____"一道题目进行测查，原始题目为4点计分（① 10人左右；② 20人左右；③ 30人左右；④ 40人左右）。

（三）数据管理与分析

采用 SPSS17.0 统计软件进行数据分析与管理。

（四）研究结果

1. 家庭因素对儿童入学准备的影响

为了考察家庭因素对儿童入学准备的影响，本研究控制了年龄和性别因素后，分别以入学准备总体及其五个领域为因变量，采用分层回归分析来考察家庭因素对儿童入学准备的预测作用。第一层进入儿童的年龄和性别作为控制变量；第二层进入家庭收入、父亲学历和母亲学历；第三层进入父母教养方式，包括权威、专制和纵容三个维度；第四层进入亲子日常活动，包括认知互动、社会性互动和户外互动；第五层进入亲子关系满意度。全部变量都采用"enter"方式进入。

回归分析结果显示（见表9-1），VIF < 10，容忍度 > 0.1，预测变量之间不存在多重共线性问题。在控制了儿童的年龄和性别的预测作用后发现：母亲学历可以显著正向预测入学准备总体、学习方式领域和言语发展领域，其预测系数依次为 0.20、0.18、0.22；父亲学历可以显著正向预测儿童的认知和一般知识领域，预测系数为 0.21。权威教养方式可以显著正向预测入学准备总体、学习方式领域、言语发展领域以及认知和一般知识领域，其预测系数依次为 0.21、0.17、0.16 和 0.23；专制教养方式可以显著负向预测入学准备总体、情绪和社会性领域和学习方式领域，其预测系数依次为 −0.15、−0.17 和 −0.28；放任教养方式可以显著负向预测儿童入学准备总体、情绪和社会性领域、学习方式领域、言语发展领域以及认知和一般知识领域，其预测系数依次为 –0.30、–0.26、–0.28、–0.28 和 –0.14。认知互动可以显著正向预测认知和一般知识领域，预测系数为 0.27；户外互动可以显著正向预测儿童入学准备总体以及身体健康和动作技能领域，预测系数依次为 0.17 和 0.16。

从不同层家庭因素对儿童入学准备五个领域的解释率发现，家庭收入、父母学历对儿童认知和一般知识的解释率最大，为 8.80%；父母教养方式对儿童情绪和社会性领域的解释率最大为 22.30%；亲子日常互动对儿童认知和一般知识领域的解释率最大为 8.20%。

进一步考察了不同家庭收入、不同父母学历的儿童入学准备类型分布，结果发现，家庭收入在 5000 元及以上的儿童在认知 / 一般知识和言语发展准备不足型和入学准备综合不足型的比例较少。卡方检验需满足期望次数应该至少为 1，且不应有超过 25% 的类别有少于 5 的期望次数（林震岩，2007）。因此，本次检验把家庭收入中 3001～5000 元和 5000 元及以上进行了合并，以入学准备类型作为因变量，家庭收入、父母学历作为自变量进行卡方分析，结果发现：不同家庭收入儿童在入学准备类型上差异显著，表现为高收入家庭儿童的入学准备良好型的比例高于低收入家庭，入学准备综合不足型的比例低于低收入家庭。不同父母学历儿童在入学准备类型上差异显著，表现为父母高学历入学准备良好型儿童的比例高于父母低学历儿童，而父母高学历入学准备综合不足型儿童比例高于父母低学历儿童（见表9-2）。

表9-1 家庭因素对儿童入学准备总体及其五个领域的线性回归分析

		入学准备总体		身体健康和动作技能		情绪和社会性		学习方式		言语发展		认知和一般知识	
		β	t	β	t	β	t	β	t	β	t	β	t
第一层 控制变量	年龄	-0.05	-0.74	-0.02	-0.33	-0.03	-1.53	-0.04	-0.60	-0.10	-1.52	0.01	0.17
	性别	0.10	1.49	0.18	2.88**	0.02	0.24	0.03	0.61	0.11	1.70	0.05	0.76
	ΔR^2	1.20%		3.40%		0.10%		0.30%		2.30%		0.20%	
	ΔF	1.48		4.32		0.18		0.34		2.84+		0.30	
第二层 家庭环境变量	家庭收入	-0.04	-0.44	-0.08	-0.98	-0.07	-0.84	0.01	0.07	-0.07	-0.87	0.03	0.38
	父亲学历	0.11	1.18	0.06	0.59	0.03	0.39	0.09	0.93	0.04	0.38	0.21	2.18*
	母亲学历	0.20	2.07*	0.07	0.72	0.14	1.55	0.18	1.82+	0.22	2.19*	0.09	0.94
	ΔR^2	6.80%		0.80%		1.80%		6.00%		4.00%		8.20%	
	ΔF	6.03***		0.69		1.47		5.17**		3.44*		7.24***	
第三层 父母教养方式	权威	0.21	3.64***	0.03	0.46	0.09	1.24	0.17	2.89**	0.14	2.28*	0.23	3.65***
	专制	-0.15	-2.39*	-0.05	-0.64	-0.17	-2.50*	-0.15	-2.25*	-0.11	-1.60	-0.05	-0.66
	放任	-0.30	-4.54***	-0.49	-0.65	-0.26	-3.73***	-0.28	-4.19***	-0.28	-4.04***	-0.14	-1.89+
	ΔR^2	22.90%		0.90%		22.30%		19.70%		15.80%		8.80%	
	ΔF	26.51***		0.75		23.56***		21.35***		16.23***		8.53***	
第四层 亲子日常活动	认知互动	0.07	1.06	0.00	0.00	0.05	0.64	0.002	0.03	0.66	0.91	0.27	3.46**
	社会性互动	0.09	1.40	0.12	1.37	0.06	0.88	0.06	0.85	0.04	0.61	0.04	0.51
	户外互动	0.17	2.38*	0.16	2.10*	-0.001	-0.02	0.86	1.11	0.13	1.69	0.11	1.57
	ΔR^2	4.60%		3.60%		0.80%		1.00%		2.50%		8.20%	
	ΔF	5.67***		3.16*		0.88		1.04		2.63+		8.74***	
第五层 亲子关系满意度	亲子关系满意度	0.08	1.25	0.01	1.37	0.07	1.06	0.09	1.29	0.06	0.91	0.04	0.62
	ΔR^2	0.40%		0%		0.40%		0.50%		0.30%		0.10%	
	ΔF	1.56		0.01		1.12		1.66		0.83		0.39	

注："*"表示$p<0.05$，"**"表示$p<0.01$，"***"表示$p<0.001$，"+"表示边缘显著，下同。

表 9-2 不同家庭收入儿童入学准备的类型

		n	第Ⅰ类	第Ⅱ类	第Ⅲ类	第Ⅳ类	x^2
家庭收入	3000 元及以下	206	113(54.90%)	37(18.00%)	25(12.10%)	31(15.00%)	—
	3001~5000 元	69	51(73.90%)	10(14.50%)	4(5.80%)	4(5.80%)	
	5001 元及以上	19	15(78.90%)	3(15.80%)	0(0%)	1(5.30%)	
	3000 元及以下	206	113(54.90%)	37(18.00%)	25(12.10%)	31(15.00%)	12.50**
	3001 元及以上	88	66(75.00%)	13(14.80%)	4(4.50%)	5(5.70%)	
父亲学历	小学或以下	28	10(35.70%)	6(21.40%)	6(21.40%)	6(21.40%)	23.27**
	初中	159	87(54.70%)	27(17.00%)	19(11.90%)	26(16.400%)	
	中专/高中	67	45(67.20%)	13(19.40%)	4(6.0%)	5(7.50%)	
	大专及以上	54	42(77.80%)	8(14.80%)	2(3.70%)	2(3.70%)	
母亲学历	小学或以下	39	16(41.00%)	3(7.70%)	9(23.10%)	11(28.20%)	34.08***
	初中	156	84(53.80%)	36(23.10%)	17(10.90%)	19(12.20%)	
	中专/高中	66	50(75.80%)	7(10.60%)	3(4.50%)	6(9.10%)	
	大专及以上	46	34(73.90%)	7(15.20%)	2(4.30%)	3(6.50%)	

注："*"表示 $p < 0.05$，"**"表示 $p < 0.01$，"***"表示 $p < 0.001$；第Ⅰ类 = 入学准备良好型，第Ⅱ类 = 情绪/社会性和学习方式准备不足型，第Ⅲ类 = 认知/一般知识和言语发展准备不足型，第Ⅳ类 = 入学准备综合不足型，下同。

为了考察父母教养方式、亲子日常活动和亲子关系满意度对儿童入学准备类型的影响，以入学准备类型作为自变量，以父母教养方式、亲子日常活动和亲子关系满意度作为因变量，分别进行 ANOVA 分析，结果发现：不同入学准备类型儿童的父母在权威、专制和纵容教养方式的差异均显著。Post hoc tests 检验发现，入学准备良好型儿童的父母采用权威教养方式高于情绪/社会性和学习方式准备不足型和入学准备综合不足型。入学准备良好型儿童的父母采用专制教养方式的比例低于情绪/社会性和学习方式准备不足型和入学准备综合不足型；情绪/社会性和学习方式准备不足型儿童的父母采用专制教养方式的比例低于入学准备综合不足型儿童。入学准备良好型儿童的父母采用放任教养方式的比例低于入学准备不足的三类儿童的父母。

不同入学准备类型儿童在亲子认知互动、社会性互动和户外互动的差异均显著。Post hoc tests 检验发现，入学准备良好型儿童的亲子日常活动，包括认知互动、社会性互动和户外互动都显著高于其他几种入学准备类型。情绪 / 社会性和学习方式准备不足型儿童的户外互动显著高于入学准备综合不足型儿童。

不同入学准备类型儿童的亲子关系满意度差异显著［$F(3, 306)=13.19$，$p < 0.05$］。Post hoc tests 检验发现，入学准备良好型儿童亲子关系满意度显著高于其他几种入学准备类型（见表9–3）。情绪 / 社会性和学习方式准备不足型儿童的亲子关系满意度显著高于入学准备综合不足型儿童。

表9–3　不同入学准备类型儿童父母教养方式的差异

	第Ⅰ类	第Ⅱ类	第Ⅲ类	第Ⅳ类	F	事后检验
权威	11.05（2.59）	9.70（2.73）	10.12（2.22）	9.21（2.47）	8.10***	Ⅰ＞Ⅱ＝Ⅳ
专制	4.32（1.70）	5.14（2.40）	5.25（2.09）	6.05（2.12）	10.53***	Ⅰ＜Ⅱ，Ⅲ，Ⅳ；Ⅱ＜Ⅳ
放任	2.32（1.12）	3.18（1.32）	3.04（1.30）	3.52（1.37）	15.78***	Ⅰ＜Ⅱ，Ⅲ，Ⅳ
认知互动	3.79（0.66）	3.40（0.57）	3.23（0.69）	3.36（0.65）	11.70***	Ⅰ＞Ⅱ，Ⅲ，Ⅳ
社会性互动	3.84（0.66）	3.49（0.55）	3.31（0.81）	3.31（0.55）	12.27***	Ⅰ＞Ⅱ，Ⅲ，Ⅳ
户外互动	3.03（0.69）	2.63（0.63）	2.48（0.69）	2.28（0.71）	16.63***	Ⅰ＞Ⅱ，Ⅲ，Ⅳ；Ⅱ＞Ⅳ
亲子关系满意度	4.37（0.54）	4.06（0.63）	4.04（0.78）	3.77（0.71）	13.19***	Ⅰ＞Ⅱ，Ⅱ，Ⅳ；Ⅱ＞Ⅳ

注："*"表示 $p < 0.05$，"**"表示 $p < 0.01$，"***"表示 $p < 0.001$；第Ⅰ类 = 入学准备良好型，第Ⅱ类 = 情绪 / 社会性和学习方式准备不足型，第Ⅲ类 = 认知 / 一般知识和言语发展准备不足型，第Ⅳ类 = 入学准备综合不足型，下同。

2. 幼儿园因素对儿童入学准备的影响

由于没有上过幼儿园的人数仅为 10 人，上过幼儿园的人数为 299 人。因此，本研究只对上过幼儿园儿童进行进一步研究。为了考察幼儿园因素对儿童入学准备的影响（见表9-4），分别以儿童入学准备总体和五个领域作为因变量，以在幼儿园年限、幼儿园类型和幼儿园大班时班额为自变量进行4（在幼儿园年限）× 幼儿园类型（4）× 幼儿园大班时的班额（4）的多因素方差分析，结果发现：在幼儿园年限在儿童的言语发展领域主效应显著［$F(3, 165)=2.95$，$p < 0.05$］，事后检验发现，3年以上、2～3年（包括3年）儿童言语发展领域的准备状况好于在幼儿园年限为1年及以下儿童。幼儿园类型在儿童言语发展领域主效应显著［$F(3, 165)=3.03$，$p < 0.05$］，在儿童的认知和一般知识领域的主效应显著［$F(3, 165)=2.84$，$p < 0.05$］。事后检验发现，城市公办幼儿园儿童的言语发展领域的准备要显著好于其他类型的幼儿园儿童。城市公办、民办幼儿园儿童的认知和一般知识的准备要显著好于村镇公办幼儿园儿童。班额为40人、30人、20人左右儿童的认知和一般知识领域准备好于班额为10人左右的儿童。在幼儿园年限、幼儿园类型和幼儿园大班时的两两因素之间以及三个因素之间的交互作用均不显著（p值均 > 0.05）。

表9-4　不同幼儿园因素儿童入学准备的平均数和标准差

	在幼儿园年限				F
	1年及以下 $n=24$	1～2年(含2年) $n=42$	2～3年(含3年) $n=163$	3年以上 $n=48$	
身体健康和动作技能	7.17 ± 1.03	7.26 ± 1.39	7.64 ± 1.29	7.61 ± 1.20	1.73
情绪和社会性	6.45 ± 1.67	6.21 ± 2.02	6.40 ± 1.76	6.47 ± 1.83	0.18
学习方式	6.47 ± 1.79	6.10 ± 2.06	6.41 ± 2.01	6.34 ± 2.23	0.28
言语发展	6.02 ± 2.06	6.45 ± 1.88	6.88 ± 1.46	7.03 ± 1.62	2.95*
认知和一般知识	3.94 ± 1.87	4.70 ± 1.99	4.70 ± 1.93	4.58 ± 2.27	1.05
入学准备总体	30.04 ± 6.31	30.72 ± 7.10	32.02 ± 6.00	32.04 ± 6.99	1.05

续表

	幼儿园类型				F
	城市公办 $n=25$	城市民办 $n=110$	村镇公办 $n=21$	村镇民办 $n=43$	
身体健康和动作技能	7.40 ± 1.43	7.56 ± 1.32	7.64 ± 1.04	7.58 ± 1.44	0.44
情绪和社会性	6.73 ± 1.71	6.80 ± 1.49	6.21 ± 1.87	6.48 ± 1.82	1.34
学习方式	6.73 ± 2.02	6.20 ± 2.13	6.33 ± 1.95	6.29 ± 2.14	0.59
言语发展	7.30 ± 1.27	6.80 ± 1.53	6.65 ± 1.66	6.50 ± 1.90	3.30*
认知和一般知识	5.02 ± 1.92	5.27 ± 1.81	4.33 ± 1.89	4.32 ± 2.39	2.84*
入学准备总体	33.18 ± 5.80	32.64 ± 6.22	31.17 ± 6.04	31.17 ± 7.37	1.46
	幼儿园大班班额				F
	10 人左右 $n=52$	20 人左右 $n=114$	30 人左右 $n=90$	40 人左右 $n=31$	
身体健康和动作技能	7.38 ± 1.32	7.58 ± 1.20	7.63 ± 1.28	7.43 ± 1.37	0.56
情绪和社会性	6.09 ± 2.05	6.34 ± 1.89	6.50 ± 1.71	6.66 ± 1.42	0.83
学习方式	6.03 ± 2.12	6.51 ± 1.85	6.23 ± 2.17	7.03 ± 1.83	1.97
言语发展	6.53 ± 1.69	6.74 ± 1.76	6.70 ± 1.55	7.06 ± 1.41	0.68
认知和一般知识	4.04 ± 2.05	4.68 ± 2.06	4.69 ± 1.85	5.31 ± 1.83	2.85*
入学准备总体	30.06 ± 6.68	31.85 ± 6.56	31.75 ± 6.25	33.49 ± 5.06	2.01

为了考察不同的在幼儿园年限、幼儿园类型和幼儿园班额儿童入学准备类型状况，首先对不同的在幼儿园年限、幼儿园类型和幼儿园班额儿童的入学准备类型进行基本描述，结果发现：城市民办和村镇民办不同入学准备类型儿童分布较少。卡方检验需满足期望次数应该至少为1，且不应有超过25%的类别有少于5的期望次数（林震岩，2007）。因此，本次检验把城市民办幼儿园和村镇民办幼儿园进行了合并。以入学准备类型作为因变量，幼儿园类型、在幼儿园年限和幼儿园班额作为自变量进行卡方分析，结果发现：不同幼儿园类型、在幼儿园年限和幼儿园班额儿童的入学准备类型均不存在显

著差异（见表9-5）。

表9-5 不同幼儿园因素儿童入学准备的类型分布

		n	第Ⅰ类	第Ⅱ类	第Ⅲ类	第Ⅳ类	χ^2
幼儿园类型	城市公办	52	37（71.20%）	8（15.40%）	3（5.80%）	4（7.70%）	—
	村镇公办	110	67（60.90%）	19（17.30%）	11（10.00%）	13（11.80%）	
	城市民办	21	12（57.10%）	6（28.60%）	2（9.50%）	1（4.80%）	
	村镇民办	43	26（60.50%）	2（4.70%）	5（11.60%）	10（23.30%）	
	城市公办	52	37（71.20%）	8（15.40%）	3（5.80%）	4（7.70%）	4.44
	村镇公办	110	67（60.90%）	19（17.30%）	11（10.00%）	13（11.80%）	
	民办	64	38（59.40%）	8（12.50%）	7（10.90%）	11（17.20%）	
在幼儿园年限	1年及以下	24	15（62.50%）	2（8.30%）	3（12.5%）	4（16.70%）	10.53
	1～2年（含2年）	42	22（52.40%）	11（26.20%）	6（14.30%）	3（7.10%）	
	2～3年（含3年）	163	100（61.30%）	32（19.60%）	13（8.00%）	18（11.00%）	
	3年以上	48	31（64.60%）	5（10.40%）	3（6.30%）	9（18.8%）	
幼儿园班额	10人左右	52	26（50.00%）	9（17.30%）	7（13.50%）	10（19.20%）	11.25
	20人左右	115	70（60.90%）	20（17.40%）	12（10.40%）	13（11.30%）	
	30人左右	90	57（63.30%）	18（20.00%）	4（4.40%）	11（12.20%）	
	40人左右	31	23（74.20%）	2（6.50%）	4（12.90%）	2（6.50%）	

（五）结果讨论

因为家庭是儿童出生之后最早接触并与之发生互动的微观社会环境，是个体社会化的起点，所以家庭教育在儿童一生成长发展过程中起着奠基性的作用。本研究在控制了儿童的年龄和性别两个变量后，回归分析结果发现：母亲学历可以显著正向预测儿童入学准备整体、学习方式领域和言语发展领域；父亲学历可以显著正向预测儿童的认知和一般知识领域。权威教养方式可以显著正向预测儿童入学准备整体、学习方式领域、言语发展领域、认知和一般知识领域；专制教养方式可以显著负向预测儿童入学准备总体、情绪和社会性领域、学习方式领域；放任教养方式可以显著正向预测入学准备总体、情绪和社会性领域、学习方式领域、言语发展领域、认知和一般知识领域。

户外互动可以显著正向预测入学准备总体、身体健康和动作技能领域。

父母学历是家庭环境中的一个重要因素，直接关系到一个家庭能否为儿童的身体发育、心理发展和社会适应提供必要的物质基础和良好的教育资源。相对而言，高学历家庭与低学历家庭相比会拥有更多的经济、社会以及人力资源。拥有较多经济资源的家庭能够为儿童的发展提供更多的投资（G.J. Duncan & Magnuson，2003）。另外，家庭投资模型也认为经济条件好的家庭有能力将金钱用于儿童的发展，而在经济条件不利的家庭，则是要将金钱更多地用于家庭的即时需求，而非儿童的发展（Bradley & Corwyn，2002；Corcoran & Adams，1997；G.J. Duncan & Magnuson，2003）。受教育水平低的父母给孩子提供的情感支持较少，教养技能较差，不利于儿童发展，容易引发儿童的情绪社会问题（Dornfeld & Kruttschnitt，1992；Hanson，McLanahan，& Thomson，1995）。

研究发现，权威教养方式可以促进儿童的入学准备状况，而专制和放任教养方式对儿童入学准备状况起消极的作用。权威教养方式的父母具有温暖、说理、民主、随和的特点，采用这种教养方式的父母尊重孩子，在管教孩子的同时，会通过言语或者肢体语言给孩子适当的关注和引导，从而促进儿童的入学准备（Johnson，Cohen，Chen，Kasen，& Brook，2006；Lamb & Baumrind，1978）。专制型教养方式的父母往往要求孩子绝对遵循父母所定的一套规则，对孩子很少表现温情的一面。相关研究也发现，父母教养行为中的严格和惩罚或过度介入、过度保护等都可能导致儿童的社会性退缩行为（Robins & Price，1991）。专制教养方式培养出来的儿童缺乏独立思考、处理问题的训练不够，缺乏自信，又未从父母那儿得到足够温情，使他不懂得

如何恰当表达自己的情绪、想法。放任型教养方式的父母则采用一种对儿童不理不问，忽视的态度，对孩子的行为与学习不感兴趣，也不关心，很少去管孩子。持这种教养方式的父母没有给予儿童必要的行为准则和强化，对孩子冲动的行为缺乏约束，致使儿童缺乏自我控制能力。同时，由于缺乏父母的关心和教育，儿童在家庭很少表达自己的情绪和情感，很少与父母进行互动，进而影响其情绪和社会性等的发展。

本研究考察了亲子日常活动对儿童入学准备的影响，结果发现：户外互动可以显著正向预测入学准备总体、身体健康和动作技能领域。自 20 世纪 30 年代以来，亲子互动研究已成为发展心理研究的热门课题（侯静，陈会昌，王争艳，李首，2002）。研究表明，良好的亲子互动有助于儿童的发展（Lyons-Ruth & Jacobvitz, 2008; Rubin, Chen, McDougall, Bowker, & McKinnon, 1995）。国外研究证实了亲子互动对儿童入学准备所产生的影响（Britto, et al., 2006）。户外互动作为亲子日常互动的一种重要形式，它对儿童入学准备的影响不容忽视。亲子户外互动可以显著促进儿童的身体健康和动作技能领域的准备状况。

幼儿园是儿童接触社会、适应生活的第一个重要场所，是儿童迈出家庭以后进入正式学校教育以前的一个重要集体组织，是儿童发展中影响较大的微环境，学前教育经验是儿童做好入学准备的重要条件。因此，本研究考察了幼儿园因素对儿童入学准备各指标及其类型的影响，结果发现：在幼儿园年限 3 年以上、2～3 年（包括 3 年）儿童言语发展领域的准备状况好于在幼儿园年限为 1 年及以下儿童。这表明，在幼儿园年限 1 年及以下对儿童的言语发展领域的准备状况不利。教师和同学是儿童幼儿园重要的他人，在幼儿园年限较多的儿童可以更多地受到更多教师的引导，能够更多地与同伴进行交流，因而会接受更多言语刺激，进而促进其言语领域的发展。然而，本研究发现，在幼儿园年限 3 年以上和 2～3（包括 3 年）儿童的言语发展领域的准备状况差异不显著。接受 3 年以上幼儿园教育儿童的言语发展领域的准备状况与接受 2～3 年幼儿园教育儿童的差异并不显著。

本研究还发现：城市公办幼儿园儿童的言语发展能力要显著好于村镇民办幼儿园；城市公办、民办幼儿园儿童的认知和一般知识能力要显著好于村镇公办幼儿园。这种差异可能是由不同地区学前教育条件的差异引起的。刘占兰（2009）发现："目前我国儿童的入园率不到 50%。农村就更低了，农村儿童入园率才 30% 左右"。多数农村都没有幼儿园，农村学前教育主要依靠附设在小学里的学前班，因此多数农村儿童只能接受一年的学前教育，远远低于城市儿童的学前教育年限（一般为 3～4 年）。除了这些因素以外，郊区儿童由于其地域的限制，接受的外部刺激远远没有城区儿童丰富，难以提供儿童情绪、社会性发展所需要的适宜条件。

另外，本研究考察了幼儿园大班时的班额对儿童入学准备的影响，结果发现：大班班额为 40 人、30 人、20 人左右儿童的认知和一般知识领域准备好于班额为 10 人左右的儿童。可能的原因是幼儿园大班时的班额大，儿童可以接触更多的同伴，同伴之间的互相学习可以促进儿童认知和一般知识水平。Borland 等（2005）通过变化小学 3 年级的班额，从 11 人到 29 人，间隔为 1 人，共 19 种班额，结果发现：不同科目的最佳班额各不相同。但 Achilles（1996）研究发现：从一年级到四年级，小班额学生的学习成绩都获得了显著的提高；四年中，小班额学生的学习成绩都显著高于其他两种班额学生的学习成绩。

以上的研究主要是针对小学生的研究结果，由于不同的学习阶段，儿童所需要面对不同的问题，因此关于幼儿园大班的班额对儿童发展的影响有待进一步研究。

（六）结论

（1）在控制了儿童的年龄和性别对入学准备的影响后，母亲学历可以显著正向预测儿童入学准备整体、学习方式领域和言语发展领域；父亲学历可以显著正向预测儿童的认知和一般知识领域。

（2）权威教养方式可以显著正向预测儿童入学准备整体、学习方式领域、言语发展领域、认知和一般知识领域；专制教养方式可以显著负向预测儿童入学准备总体、情绪和社会性领域、学习方式领域；放任教养方式可以显著正向预测入学准备总体、情绪和社会性领域、学习方式领域、言语发展领域、认知和一般知识领域。户外互动可以显著正向预测入学准备总体、身体健康和动作技能领域。

（3）高收入和父母高学历家庭儿童的入学准备良好型的比例高于低收入和父母低学历家庭儿童，而入学准备综合不足型的比例低于低收入和父母低学历家庭儿童。入学准备良好型儿童权威教养方式、亲子日常活动和亲子关系满意度高于其他三种类型儿童，而专制和放任教养方式低于其他三种类型儿童。

（4）在幼儿园年限3年以上、2～3年（包括3年）儿童言语发展领域的准备状况好于在幼儿园年限为1年及以下儿童。城市公办幼儿园儿童的言语发展能力要显著好于村镇民办幼儿园；城市公办和民办幼儿园儿童的认知和一般知识能力要显著好于村镇公办幼儿园。幼儿园大班班额为 40 人、30 人、20 人左右儿童的认知和一般知识领域准备好于班额为 10 人左右的儿童。

（5）不同在幼儿园年限、幼儿园类型和幼儿园大班班额儿童的入学准备类型不存在显著的差异。

第十章 儿童入学准备状况对其后期学校适应的影响

　　进入小学一年级，接受正规义务教育是儿童发展的一个重要转折点，良好的入学准备对儿童学校适应具有重要的影响。然而，国外的相关研究大多数基于变量中心的视角集中探讨入学准备某一指标对后期某一时间点学习成绩的影响（Forget-Dubois，et al.，2007；Hair，et al.，2006；Kurdek & Sinclair，2000；Lloyd & Hertzman，2009）。例如，Marks 等的研究发现，在入学时认知能力较低的儿童，入学后获得学业技能的速度较慢（Marks & Coll，2007）。幼儿时期的认知能力、注意能力、精细动作等可以显著预测后期的学业成绩（Pagani，Fitzpatrick，Archambault，& Janosz，2010）。儿童的学校适应不单单受入学准备某一方面因素的影响，而是入学准备多方面因素综合作用的结果。如有研究者认为儿童学校成就及后来的成功不仅依赖于儿童的认知技能，也依赖于其身体和心理健康，情绪水平以及有关的其他方面的能力（Huffman， et al.，2000）（Huffman，Mehlinger，& Kerivan，2000；National Research Council and Institute of Medicine，2000；Raver，2002），所以研究综合性入学准备与学校适应的关系有着重要的意义。同时，已有研究更多的是探讨入学准备对学习成绩的影响，而对于学校适应其他方面影响的研究关注不足。如Kern和Friedman（2008）也认为进一步的研究应该关注儿童入学准备对其后期心理社会适应能力的直接和间接影响。学校适应衡量的是儿童在学校背景下愉快地参与学校活动并获得学业成功的状况，除学习成绩外的学校喜好、学习行为、人际关系等同样对儿童的发展具有重要的意义（Ladd，1997）。且儿童的后期发展状况并非一个静态的过程，而是一直处于变化之中的动态过程，目前关于儿童入学准备对学校适应发展速度影响的研究几乎是空白。目前关于入学准备对于学校适应影响的研究主要集中在国外，国外开展的研究获得了很多有价值的结果，对我国的相关研究具有重要的参考价值，但是儿童入学准备和学校适应是具有文化差异性的研究领域，在借鉴国外研究结果同时，需要考虑是否适用于我国儿童。因此，有必要综合性、系统性地考察我国儿童入学准备状况对后期学校适应及其发展变化速度的影响。依据这些研究结果能更有针对性地给予儿童指导与训练，以他们的入学准备水平，从而降低其在学校适应上发展不良的风险。

（一）研究被试

采取方便取样的方式，选取北京市某郊区 5 所普通小学的儿童为研究被试，进行 4 次追踪。4 次测试的时间点分别是小学一年级新生入学半个月内（t^1）、一年级第一学期末（t^2）、一年级第二学期末（t^3）、二年级第一学期末（t^4）。

t^1 时间点的有效被试为 310 名，儿童平均年龄为 6.74 岁，SD=0.59；t^1、t^2、t^3、t^4 四次测试的有效被试共 256 名。本研究的被试是 4 次测试时间点的有效被试共 256 名。

（二）研究工具

1. 入学准备家长调查问卷

采用盖笑松等编制的儿童入学准备家长核查表（School Readiness Checklist–Parent version，SRC–P）。SRC–P 是在借鉴国外已有工具的基础上，参照 NEGP 提出的五领域模型，并结合我国儿童的实际发展情况编制的。该量表共包含 50 道题目（其中含 5 道测谎题），内容涵盖了儿童身体健康和运动技能、情绪和社会性、学习方式、言语发展、认知和一般知识五个领域的发展情况。量表中的每个题目都陈述了儿童日常生活中的行为表现或某种能力，要求家长判断儿童是否存在这些行为、或是否具备该能力。例如："在幼儿园时，很少和小朋友一起玩""能够清楚地叙述一件比较复杂的事情"。儿童入学准备家长核查表采用 0，1 计分方式。量表中包含正向题和反向题。对于正向题，"否"记为 0，"是"记为 1；对于反向题，"是"记为 0，"否"记为 1。该量表的内部一致性系数为 0.80。

2. 学校适应问卷

采用唐浪（2004）修订的教师—儿童评定量表（T-CRS2.1），该量表主要用于 1～8 年级中小学生，共 32 道题目，4 个分量表：任务取向（Task

Orientation），评估儿童与学校相关任务的能力状况；行为控制（Behavior Control），评估儿童忍受和适应学校环境强加的或孩子自身限制的能力；自表能力（Assertiveness），测量儿童人际功能和与同辈交往的信心；同辈社交能力（Peer Social Skills），测量儿童在同辈中受欢迎程度以及与同辈互动得如何。每个分量表含 8 道题目，4 道积极题目和 4 道消极题目，每道题采用从"非常不同意"到"非常同意"5 点计分。每个分量表得分均为（24 − 4 道消极题目得分之和 + 4 道积极题目得分之和），4 个分量表得分相加为学校适应总分，分数越高则说明学校适应越好。本研究中 4 个分量表和总体的内部一致性系数分别为 0.89、0.84、0.84、0.89、0.95。

3. 师生关系问卷

师生关系问卷的原问卷由 Pianta（1994）编制，经王耘（2002）修订，共有 28 道题目，分为亲密性、冲突性和反应性三个维度，采用教师报告，要求班主任根据与学生的日常关系采用"非常不符合"到"非常符合"的 5 点计分。本研究选取师生关系问卷各个维度中载荷较高的共 10 道题目进行研究，其中亲密性、冲突性和反应性维度的题目数依次为 3、4、3。各维度计平均分，各维度分数之和为量表总分。本研究中该问卷的内部一致性系数为 0.83。

4. 学校喜好问卷

学校喜好问卷是在参考 Teacher Rating of School Liking and School Avoidance（[TRSSA] Birch & Ladd，1997）问卷基础上编制，共 8 道题目，包括学校喜

欢（5 道，如"喜欢上学"）和学校回避（3 道，如"经常说要是不用上学就好了"）两个维度，采用"不符合""不太符合""中等""较符合"和"完全符合"5 点计分。本研究中学校喜欢维度的内部一致性系数为 0.87，学校回避维度的内部一致性系数为 0.60。

5. 学习行为问卷

该问卷是在借鉴 Biggs（1987）编制，经王耘（2001）修订，共有 16 道题目，包括学习兴趣、学习信心和学习效能感三个维度。儿童家长采用从"不符合"到"完全符合"5 点计分，三个维度的平均分为学习行为总分，得分越高表明学习行为越好。本研究中，该问卷的内部一致性系数为 0.91。

（三）数据管理与分析

采用 SPSS17.0 和 HLM7.0 统计软件进行数据分析与管理。

（四）研究结果

1. 入学准备对低年级小学生学校适应的短期和长期影响

为了考察儿童入学准备对低年级小学生学校适应短期和长期影响的差异，采用以一年级第一学习末（t^2）、一年级第二学期末（t^3）、二年级第一学期末（t^4）教师和家长评价的学校适应各指标为因变量，以入学准备五个领域指标为自变量的回归分析，全部变量都采用"enter"方式。

对教师评价的学校适应各指标的回归分析结果发现（详见表 3-1）：①儿童身体健康和动作技能的准备状况可以显著正向预测 t^2 时的任务取向能力、

行为控制能力、自表能力、同伴社交能力和学校适应总体，其预测系数 β 分别为 0.13、0.12、0.12、0.23、0.17；而对师生关系的预测不显著（ β =0.10）；边缘显著正向预测 t^3 时的同伴社交能力（ β =0.12，p=0.05）。② 学习方式的准备状况可以显著正向预测 t^2 时的任务取向能力、行为控制能力、自表能力、同伴社交能力、学校适应总体和师生关系，其预测系数 β 分别为 0.25、0.18、0.26、0.27、0.27 和 0.19；能边缘显著正向预 t^3 时的自表能力（ β =0.21，p=0.05）；正向预测 t^4 时的任务取向能力、行为控制能力和学校适应总体，其预测系数 β 分别为 0.22、0.17 和 0.21。③ 认知和一般知识准备状况可以显著正向预测 t^2 时的任务取向能力和自表能力，其预测系数 β 分别为 0.21 和 0.18；可以显著正向预测 t^4 时的同伴社交能力和学校适应总体，其预测系数 β 分别为 0.18 和 0.16。情绪和社会性领域、言语发展领域对教师 t^2、t^3 和 t^4 评价的任务取向能力、行为控制能力、自表能力和同伴社交能力的预测作用均不显著。

概括来说，入学准备身体健康和动作技能领域、学习方式领域以及认知和一般知识领域对 t^2、t^3 和 t^4 学校适应各指标的解释率（见表 3-1）可以发现：入学准备对教师评价的学校适应各指标在 t^2 时的解释力最大，随着时间的变化，解释率逐渐下降。

对家长评价的学校适应各指标的回归分析结果发现（详见表 3-1）：①身体健康和动作技能可以显著正向预测 t^3 时的学校喜欢（ β =0.13）。②情绪和社会性领域可以显著负向预测 t^2 时的学校回避（ β =-0.17）；显著正向预测 t^3 时的学校喜欢（ β =0.17），负向预测 t^3 时的学校回避（ β =-0.18）。③ 学习方式领域可以显著正向预测 t^2 和 t^4 时的学习行为（β=0.16 和 0.15）。④言语发展领域显著正向预测 t^3 时的学习行为（β=0.20）；显著正向预测 t^4 时的学校喜欢和学习行为，负向预测 t^4 时的学校回避，其预测系数依次为 0.24、0.21、-0.20。⑤ 认知和一般知识领域可以显著正向预测 t^2 时的学校喜欢和学习行为，其预测系数依次为 0.23 和 0.29；负向预测 t^3 时的学校回避（β=-0.18），正向预测 t^3 和 t^4 时的学习行为（β=0.20 和 0.15）。

概括来说，入学准备各个指标对 t^2、t^3 和 t^4 家长评价的学习喜欢的解释率（见表 10-1）可以发现：随着时间的变化，入学准备各指标对 t^2、t^3 和 t^4 的解释率逐渐增大；而对于学习行为的解释随着时间的变化，逐渐下降。

表 10-1　儿童入学准备对其 t^2-t^4 时间点的学校适应各指标的回归分析（β）

	一年级第一学期末（t^2）								
	任务取向	行为控制	自表能力	同伴社交	学校适应	师生关系	学校喜欢	学校回避	学习行为
身体健康和动作技能	0.13*	0.12+	0.12+	0.23***	0.17**	0.10	-0.01	0.01	0.09
情绪和社会性	-0.11	-0.03	-0.11	-0.10	-0.10	-0.05	0.011	-0.17*	0.06
学习方式	0.25**	0.18*	0.26**	0.27**	0.27**	0.19*	0.05	-0.01	0.16*
言语发展	-0.04	-0.14	-0.06	-0.11	-0.09	-0.10	0.01	-0.00	0.09
认知和一般知识	0.21**	0.10	0.18*	0.13	0.17	0.08	0.23**	0.08	0.29***
ΔR^2	14.50%	5.70%	12.60%	13.80%	14.30%	4.80%	10.40%	5.20%	27.10%
ΔF	8.51***	3.05*	7.23***	8.00***	8.32***	2.52*	5.78***	2.75*	18.58***
身体健康和动作技能	0.08	0.06	0.05	0.12+	0.09	0.07	0.13*	0.03	0.08
情绪和社会性	-0.10	-0.08	-0.10	-0.11	-0.11	-0.07	0.17*	-0.18*	0.03
学习方式	0.13	0.11	0.15+	0.15	0.15	0.08	-0.01	0.11	0.10
言语发展	0.05	-0.05	0.07	0.04	0.04	0.07	0.11	-0.10	0.20**
认知和一般知识	0.11	0.03	0.08	-0.01	0.07	-0.03	0.04	-0.18*	0.20**
ΔR^2	6.00%	1.40%	5.40%	4.20%	4.80%	1.80%	9.50%	8.40%	21.20%
ΔF	3.19***	0.70	2.84*	2.19+	2.51*	0.91	5.26***	4.61***	13.47***
	二年级第一学期末（t^4）								
	任务取向	行为控制	自表能力	同伴社交	学校适应	师生关系	学校喜欢	学校回避	学习行为
身体健康和动作技能	0.03	-0.04	0.02	0.08	0.03	0.10	0.01	0.00	0.05
情绪和社会性	-0.13	-0.09	-0.07	-0.08	-0.11	-0.08	0.12	-0.12	0.01

续表

	二年级第一学期末（t^4）								
	任务取向	行为控制	自表能力	同伴社交	学校适应	师生关系	学校喜欢	学校回避	学习行为
学习方式	0.22*	0.17*	0.15	0.15	0.21*	0.15	0.03	0.03	0.15*
言语发展	−0.03	−0.03	−0.06	−0.08	−0.05	−0.03	0.24**	−0.20*	0.21**
认知和一般知识	0.13	0.13	0.13	0.18*	0.16*	−0.10	0.07	−0.10	0.15*
ΔR^2	6.50%	4.40%	4.00%	5.90%	6.80%	2.60%	13.40%	9.90%	18.70%
ΔF	3.50**	2.30*	1.88	3.15**	3.64**	1.35	7.71***	5.52***	11.49***

注："*"表示 $p < 0.05$，"**"表示 $p < 0.01$，"***"表示 $p < 0.001$，"+"表示边缘显著（$0.05 > p < 0.06$），下同。

以儿童入学准备类型为自变量，t^2、t^3、t^4 教师和家长评价的学校适应各个指标为因变量进行多元方差分析，结果见表 10-2。由表 10-2 可见：

教师评价学校适应各指标的分析结果发现：① 不同入学准备类型儿童在 t^2、t^3、t^4 时的任务取向能力的差异均显著 [$F(3, 252) = 6.97$, $p < 0.05$；$F(3, 252) = 2.97$, $p < 0.05$；$F(3, 252) = 2.86$, $p < 0.05$]，其偏 η^2 分别为 0.077、0.034 和 0.033，逐渐下降。② 不同入学准备类型儿童在 t^2、t^3 和 t^4 时的行为控制能力上的差异均不显著（$p_{均} > 0.05$）。③ 不同入学准备类型儿童在 t^2、t^4 时的行为自表能力上的差异均显著 [$F(3, 252) = 7.38$, $p < 0.05$；$F(3, 252) = 3.60$, $p < 0.05$]，而在 t^3 时的自表能力上的差异不显著（$p > 0.05$），t^2、t^4 的偏 η^2 分别为 0.024 和 0.020，逐渐下降。④ 不同入学准备类型儿童在 t^2、t^3 时的同伴社交能力上的差异均显著 [$F(3, 252) = 4.62$, $p < 0.05$；$F(3, 252) = 2.97$, $p < 0.05$]，而在 t^4 时的同伴社交能力上的差异不显著（$p > 0.05$），t^2 和 t^3 的偏 η^2 分别为 0.052 和 0.034，呈下降趋势。⑤ 不同入学准备类型儿童仅 t^2 时的学校适应总体上的差异显著 [$F(3, 252) = 6.61$, $p < 0.05$]，而 t^3、t^4 时的学校适应总体上的差异均不显著（$p > 0.05$），t^2 时的偏 η^2 为

0.072。⑥ 不同入学准备类型儿童仅在 t^2 时的师生关系上的差异显著 [F（3，252）=2.84，$p < 0.05$]，而 t^3、t^4 时的师生关系上的差异均不显著（ $p > 0.05$ ），t^2 时的偏 η^2 为 0.033。

家长评价学校适应各指标的分析结果发现：① 不同入学准备类型儿童在 t^2、t^3 和 t^4 时的学校喜欢差异均显著 [F（3，252）=8.60，$p < 0.05$；F（3，252）=7.88，$p < 0.05$；F（3，252）=10.57，$p < 0.05$]，其偏 η^2 分别为 0.093、0.086 和 0.112。② 不同入学准备类型儿童在 t^3、t^4 时的学校回避差异均显著 [F（3，252）=4.68，$p < 0.05$；F（3，252）=5.05，$p < 0.05$]，其偏 η^2 分别为 0.053 和 0.090，逐渐增加，而在 t^2 时的差异不显著（ $p > 0.05$ ）。③ 不同入学准备类型儿童在 t^2、t^3、t^4 时的学习行为差异均显著 [F（3，252）=24.68，$p < 0.05$；F（3，252）=7.92，$p < 0.05$；F（3，252）=5.46，$p < 0.05$]，其偏 η^2 分别为 0.227、0.189 和 0.176，逐渐下降。

表 10-2　不同入学准备类型儿童 t^2–t^4 时间元方差分析

	因变量 _t^2	SS	df	MS	F	Partial η^2
	一年级第一学期末（t^2）					
入学准备	类型任务取向	899.18	3	299.73	6.97***	0.077
	行为控制	163.71	3	54.57	2.09	0.024
	自表能力	678.89	3	226.30	7.38***	0.081
	同辈社交能力	371.55	3	123.85	4.62**	0.052
	学校适应	7548.38	3	2516.12	6.51***	0.072
	师生关系	90.76	3	30.26	2.84*	0.033
	学校喜欢	7.62	3	2.54	8.60***	0.093
	学校回避	3.09	3	1.03	1.87	0.022
	学习行为	24.99	3	8.33	24.69***	0.227

续表

	因变量 _t^2	*SS*	*df*	*MS*	*F*	Partial η^2
入学准备	一年级第二学期末（t^3）					
	任务取向	491.35	3	163.78	2.97*	0.034
	行为控制	19.65	3	6.55	0.27	0.003
	自表能力	109.57	3	36.53	1.24	0.015
	同辈社交能力	266.26	3	88.76	2.97*	0.034
	学校适应总	2780.22	3	926.74	2.12	0.025
	师生关系	3.86	3	1.29	0.37	0.004
	学校喜欢	8.39	3	2.80	7.88***	0.086
	学校回避	8.29	3	2.77	4.68***	0.053
	学习行为	23.76	3	7.92	19.57***	0.189
	二年级第一学期末（t^4）					
	任务取向	398.20	3	132.73	2.86*	0.033
	行为控制	120.48	3	40.16	1.69	0.020
	自表能力	279.51	3	93.17	3.60*	0.041
	同辈社交能力	192.33	3	64.11	2.03	0.024
	学校适应	192.33	3	64.11	2.03	0.024
	师生关系	4.77	3	1.59	0.69	0.008
	学校喜欢	8.55	3	2.85	10.57***	0.112
	学校回避	11.70	3	3.90	8.27***	0.090
	学习行为	16.37	3	5.46	17.92**	0.176

2. 入学准备各指标对低年级小学生学校适应变化速度的影响

为了考察儿童入学准备对低年级小学生学校适应结果和变化速率的影响，首先采用多层线性模型的分析方法考察了儿童学校适应的发展趋势；其次以入学准备各个指标及其类型为预测变量以期考察入学准备对儿童学校适应变化速率的影响，详细结果如下：

（1）儿童学校适应各指标的发展趋势

本研究将 t^2、t^3、t^4 时间点的追踪数据看成是具有嵌套结构特点的数据，同一个体不同次的测量嵌套于个体之中，采用多层线性模型进行数据分析，定义三个模型。模型Ⅰ：无条件均值模型（零模型）；模型Ⅱ：无条件增长模型；模型Ⅲ：全模型（含第二水平预测变量的模型）。

① 模型Ⅰ：无条件均值模型（零模型），考察对学校适应各指标进行多水平分析的必要性。

Level-1 Model 学校适应各指标 $= \beta 0 + \varepsilon$

Level-2 Model $\beta 0 = \gamma 00 + \mu 0$

该模型将总的变异分解为个体内变异和个体之间变异两个部分，用来检验个体之间是否存在变异，并计算个体之间变异在总变异中的比例，是后面模型分析的基础。如果个体之间的变异不显著，说明没有必要对数据进行多水平的分析。

分别将任务取向能力、行为控制能力、自表能力、同伴社交能力、学校适应总体、师生关系、学校喜欢、学校回避、学习行为作为因变量代入模型Ⅰ，经过 HLM7.00 软件进行参数估计，结果见表 10-3。

表 10-3 无条件均值模型的参数估计结果

因变量	固定效应	系数	se	t
	随机效应	方差	df	χ^2
教师评价				
任务取向能力	$\gamma 00$	30.16	0.372	81.03***
	$\mu 0$	27.96	255	1187.15***
行为控制能力	$\gamma 00$	32.13	0.248	129.71***
	$\mu 0$	10.23	255	726.34***
自表能力	$\gamma 00$	31.00	0.296	104.72***
	$\mu 0$	17.07	255	1054.34***
同伴社交能力	$\gamma 00$	33.41	0.269	124.17***
	$\mu 0$	13.02	255	848.54***
学校适应	$\gamma 00$	126.70	1.07	118.67***
	$\mu 0$	223.10	255	1069.10***
师生关系	$\gamma 00$	13.17	0.110	119.30***
	$\mu 0$	1.84	255	616.55***
家长评价				
学校喜欢	$\gamma 00$	4.52	0.028	161.59***
	$\mu 0$	0.13	255	755.23***
学校回避	$\gamma 00$	1.70	0.035	48.23***
	$\mu 0$	0.20	255	663.04***
学习行为	$\gamma 00$	3.96	0.035	115.27***
	$\mu 0$	0.24	255	1221.68***

固定效应的参数估计结果表明，教师评价的学校适应各指标中，任务取向能力 t^2、t^3、t^4 三次测量的平均值为30.16。随机部分的参数估计结果发现，个体之间存在显著差异（方差 =27.96，χ^2=1187.15，df=255，$p < 0.001$）。在任务取向能力的总变异中，个体之间的变异占总体变异的比例为 ρ =27.96/（27.96+22.95）=0.549，表明在任务取向能力的总变异中，个体之间的变异解释了总体变异的54.90%。

同理，t^2、t^3、t^4 三次测量行为控制能力总体平均值的估计值为32.13，在行为控制能力的总变异中，个体之间的变异占总体变异的比例为 ρ =10.23/（10.23+16.61）=0.381，表明在行为控制能力的总变异中，个体之间的变异解释了总体变异的38.10%。t^2、t^3、t^4 三次测量自表能力总体平均值的估计值为31.00，在自表能力的总变异中，个体之间的变异占总体变异的比例为 ρ =17.07/（17.07+16.34）=0.511，表明在自表能力的总变异中，个体之间的变异解释了总体变异的51.10%。t^2、t^3、t^4 三次测量同伴社交能力总体平均值的估计值为33.41，在同伴社交能力的总变异中，个体之间的变异占总体变异的比例为 ρ =13.02/（13.02+16.78）=0.437，表明在同伴社交能力的总变异中，个体之间的变异解释了总体变异的43.70%。t^2、t^3、t^4 三次测量学校适应总体平均值的估计值为126.70，在学校适应总的变异中，个体之间的变异占总体变异的比例为 ρ =223.10/（223.10+209.64）=0.516，表明在学校适应总的变异中，个体之间的变异解释了总体变异的51.60%。t^2、t^3、t^4 三次测量师生关系总体平均值的估计值为13.17，在师生关系的总变异中，个体之间的变异占总体变异的比例为 ρ =1.84/（1.84+3.88）=0.321，表明在师生关系的总变异中，个体之间的变异解释了总体变异的32.10%。因此，有必要针对教师评价的任务取向能力、行为控制能力、自表能力、同伴社交能力、学校适应总和师生关系进行多层线性模型分析。

家长评价的学校适应各指标中，t^2、t^3、t^4三次测量学校喜欢总体平均值的估计值为4.52，在学校喜欢的总变异中，个体之间的变异占总体变异的比例为 $\rho =0.13/（0.13+0.20）=0.395$，表明在学校喜欢的总变异中，个体之间的变异解释了总体变异的39.50%。t^2、t^3、t^4三次测量学校回避总体平均值的估计值为1.70，在学校回避的总变异中，个体之间的变异占总体变异的比例为 $\rho =0.20/（0.20+0.37）=0.533$，表明在学校回避的总变异中，个体之间的变异解释了总体变异的53.3%。t^2、t^3、t^4三次测量学习行为总体平均值的估计值为3.96，在学习行为的总变异中，个体之间的变异占总体变异的比例为 $\rho =0.24/（0.24+0.19）=0.558$，表明在学习行为的总变异中，个体之间的变异解释了总体变异的55.80%。因此，有必要针对家长评价的学校喜好、学校回避、学习行为进行多层线性模型分析。

② 模型Ⅱ：无条件增长模型，考察学校适应各指标的发展变化趋势和个体发展差异。

以学校适应各指标为因变量，以测试时间点（time）为第一水平的自变量建立无条件增长模型（模型Ⅱ），考察低年级小学生学校适应各指标是否存在线性发展趋势，以及这种发展趋势是否存在个体差异。对学校适应各指标三次测量时间点 t^2、t^3、t^4 编码为0、1、2，方程的截距代表的是学生在 t^2 时间点因变量的平均值。

模型Ⅱ：

Level-1 Model 学校适应各指标 $=\beta_0+\beta_1（time）+\varepsilon$

Level-2 Model $\beta_0 = \gamma_{00} + \mu_0$

$$\beta_1 = \gamma_{10} + \mu_1$$

经过 HLM7.00 软件进行参数估计，结果发现（见表 10-4）。

表 10-4 无条件增长模型的参数估计结果

因变量	教师评价			
	固定效应	系数	se	t
任务取向能力	γ_{00}	28.96	0.428	67.59***
	γ_{10}	1.20	0.199	6.03***
	随机效应	方差	df	x^2
	μ_0	29.91	255	672.74***
	μ_1	0.10	255	242.27
行为控制能力	固定效应	系数	se	t
	γ_{00}	30.51	0.320	95.40***
	γ_{10}	1.62	0.174	9.29***
	随机效应	方差	df	x^2
	μ_0	15.90	255	645.64***
	μ_1	1.56	255	318.89**
自表能力	固定效应	系数	se	t
	γ_{00}	29.94	0.356	84.14***
	γ_{10}	1.06	0.180	5.85***
	随机效应	方差	df	x^2
	μ_0	21.07	255	723.09***
	μ_1	1.48	255	309.90**
同伴社交能力	固定效应	系数	se	t
	γ_{00}	32.00	0.339	94.38***
	γ_{10}	1.42	0.183	7.75***
	随机效应	方差	df	x^2
	μ_0	19.22	255	730.13***
	μ_1	2.42	255	354.80***
学校适应	固定效应	系数	se	t
	γ_{00}	121.41	1.286	94.38***
	γ_{10}	5.29	0.603	8.77***
	随机效应	方差	df	x^2
	μ_0	277.89	255	735.83***
	μ_1	5.15	255	269.84
师生关系	固定效应	系数	se	t
	γ_{00}	12.70	0.184	69.04***
	γ_{10}	0.47	0.098	4.81***
	随机效应	方差	df	x^2
	μ_0	6.70	255	1114.78***
	μ_1	1.29	255	529.98***

续表

因变量	家长评价			
	固定效应	系数	se	t
学校喜欢	γ_{00}	4.56	0.035	131.38***
	γ	0.04	0.020	2.01*
	随机效应	方差	df	χ^2
	μ_0	0.15	255	492.23***
	μ_1	0.01	255	281.16
学校回避	固定效应	系数	se	t
	γ_{00}	1.66	0.045	37.01***
	γ_{10}	0.04	0.028	1.27
	随机效应	方差	df	χ^2
	μ_0	0.24	255	477.67***
	μ_1	0.03	255	308.37*
学习行为	固定效应	系数	se	t
	γ_{00}	3.96	0.040	96.52***
	γ_{10}	0.01	0.019	0.40
	随机效应	方差	df	χ^2
	μ_0	0.28	255	699.62***
	μ_1	0.001	255	243.97

　　从表10-4中教师评价学校适应各指标的多层线性模型分析结果发现：任务取向能力的固定效应结果可以发现，任务取向能力的截距系数 γ_{00}=28.96，表明 t^2 时低年级小学生任务取向能力的平均值是 28.96。斜率系数 γ_{10}=1.20（$p<0.001$）显著，表明低年级小学生从 $t^2 \sim t^4$，任务取向能力逐渐增加，平均增加速率为 1.20。任务取向能力的随机部分的参数估计结果可以看出，第一水平的截距 μ_0=29.91（$p<0.001$）表明在 t^2 时间段，低年级小学生任务取向能力存在显著的个体间差异，但是斜率 μ_1=0.10（$p>0.05$）不显著，表明 $t^2 \sim t^4$ 这一时间段，低年级小学生任务取向能力的上升速度不存在显著的个体间差异。

　　同理可以发现，t^2 时低年级小学生行为控制能力的平均值是 30.51；低年级小学生从 $t^2 \sim t^4$，行为控制能力逐渐增加，平均增加速率为 1.62。低年级

小学生 t^2 时的行为控制能力存在显著的个体间差异，且 $t^2 \sim t^4$ 这一时间段，低年级小学生行为控制能力的上升速度存在显著的个体间差异。

t^2 时低年级小学生自表能力的平均值是 29.94；低年级小学生从 $t^2 \sim t^4$，自表能力逐渐增加，平均增加速率为 1.06。低年级小学生 t^2 时的自表能力存在显著的个体间差异，且 $t^2 \sim t^4$ 这一时间段，低年级小学生自表能力的上升速度存在显著的个体间差异。

t^2 时低年级小学生同伴社交能力的平均值是 32.00；低年级小学生从 $t^2 \sim t^4$，同伴社交能力逐渐增加，平均增加速率为 1.42。低年级小学生 t^2 时的同伴社交能力存在显著的个体间差异，且 $t^2 \sim t^4$ 这一时间段，低年级小学生同伴社交能力的上升速度存在显著的个体间差异。

t^2 时低年级小学生学校适应总体的平均值是 121.41；低年级小学生从 $t^2 \sim t^4$，学校适应水平逐渐增加，平均增加速率为 5.29。低年级小学生 t^2 时的学校适应总体存在显著的个体间差异，但是 $t^2 \sim t^4$ 这一时间段，低年级小学生学校适应水平的上升速度不存在显著的个体间差异。

t^2 时低年级小学生师生关系的平均值是 12.70；低年级小学生从 $t^2 \sim t^4$，师生关系状况逐渐变好，平均转变速率为 0.47。低年级小学生 t^2 时的师生关系存在显著的个体间差异，且 $t^2 \sim t^4$ 这一时间段，低年级小学生师生关系逐渐变好的上升速度存在显著的个体间差异。

同时数据结果显示，任务取向能力、行为控制能力、自表能力、同伴社交能力、学校适应总和师生关系固定效应的截距和斜率的相关系数分别为 $r=-0.454$、-0.587、-0.414、-0.525、-0.648、-0.963 说明 t^2 时行为控制能力、自表能力、同伴社交能力、学校适应和师生关系较好的学生，其增加的速度相对较慢（见表 10-5 ）。

表 10-5 入学准备各指标对学校适应相关指标预测全模型的参数估计结果

因变量	教师评价			
	固定效应	系数	*se*	*t*
	对于 β_0			
	γ_{00}	28.96	0.400	72.45***
	身体健康和动作技能	0.68	0.325	2.09*
	情绪和社会性	−0.41	0.284	−1.44
	学习方式	0.75	0.309	2.42*
	言语发展	−0.05	0.299	−0.18
	认知和一般知识	0.66	0.244	2.69**
任务取向能力	对于 β_1			
	γ_{10}	1.20	0.20	6.11***
	身体健康和动作技能	−0.25	0.158	−1.61
	情绪和社会性	−0.04	0.148	−0.25
	学习方式	−0.04	0.130	−0.28
	言语发展	0.03	0.145	0.18
	认知和一般知识	−0.14	0.110	−1.23
	随机效应	方差	*df*	χ^2
	μ_0	24.70	250	586.58***
	μ_1	0.08	250	236.31
	固定效应	系数	*se*	*t*
	对于 β_0			
	γ_{00}	30.51	0.313	97.60***
	身体健康和动作技能	0.49	0.260	1.89
	情绪和社会性	−0.11	0.225	−0.49
	学习方式	0.41	0.220	1.88
	言语发展	−0.39	0.249	−1.56
	认知和一般知识	0.19	0.205	0.92
行为控制能力	对于 β_1			
	γ_{10}	1.62	0.172	9.41***
	身体健康和动作技能	−0.31	0.138	−2.22*
	情绪和社会性	−0.08	0.129	−0.61
	学习方式	−0.02	0.111	−0.20
	言语发展	0.17	0.126	1.38
	认知和一般知识	0.03	0.107	0.28
	随机效应	方差	*df*	χ^2
	μ_0	15.24	250	616.91***
	μ_1	1.52	250	310.87**

续表

因变量	教师评价			
	固定效应	系数	*se*	*t*
	对于 β_0			
	γ_{00}	29.94	0.334	89.43***
	身体健康和动作技能	0.47	0.252	1.87
	情绪和社会性	−0.35	0.232	−1.52
	学习方式	0.70	0.258	2.70**
	言语发展	−0.05	0.279	−0.19
自表能力	认知和一般知识	0.44	0.215	2.06*
	对于 β_1			
	γ_{10}	1.06	0.177	5.95***
	身体健康和动作技能	−0.21	0.125	−1.64
	情绪和社会性	0.06	0.142	0.46
	学习方式	−0.17	0.131	−1.27
	言语发展	−0.003	0.135	−0.03
	认知和一般知识	−0.08	0.110	−0.69
	随机效应	方差	*df*	x^2
	μ_0	17.90	250	639.95***
	μ_1	1.37	250	299.80*
	固定效应	系数	*se*	*t*
	对于 β_0			
	γ_{00}	32.00	0.320	99.96***
	身体健康和动作技能	0.87	0.248	3.53***
	情绪和社会性	−0.33	0.219	−1.50
	学习方式	0.67	0.226	2.95**
	言语发展	−0.20	0.249	−0.79
	认知和一般知识	0.17	0.192	0.87
同伴社交能力	对于 β_1			
	γ_{10}	1.42	0.180	7.86***
	身体健康和动作技能	−0.31	0.170	−1.82
	情绪和社会性	0.03	0.129	0.25
	学习方式	−0.16	0.130	−1.27
	言语发展	0.05	0.137	0.34
	认知和一般知识	0.08	0.116	0.71
	随机效应	方差	*df*	x^2
	μ_0	16.54	250	650.86***
	μ_1	2.35	250	344.87***

续表

因变量	家长评价			
	固定效应	系数	se	t
学校适应	对于 β_0			
	γ_{00}	121.41	1.209	100.45***
	身体健康和动作技能	2.51	0.944	2.67**
	情绪和社会性	−1.20	0.862	−1.39**
	学习方式	2.52	0.917	2.75**
	言语发展	−0.69	0.951	−0.73
	认知和一般知识	1.46	0.766	1.90+
	对于 β_1			
	γ_{10}	5.29	0.594	8.91***
	身体健康和动作技能	−1.07	0.469	−2.29*
	情绪和社会性	−0.02	0.446	−0.04
	学习方式	−0.39	0.411	−0.95
	言语发展	0.24	0.435	0.56
	认知和一般知识	−0.10	0.360	−0.27
	随机效应	方差	df	χ^2
	μ_0	235.54	250	649.57***
	μ_1	3.99	250	261.28
师生关系	固定效应	系数	se	t
	对于 β_0			
	γ_{00}	12.70	0.180	70.63***
	身体健康和动作技能	0.21	0.133	1.60
	情绪和社会性	−0.08	0.121	−0.67
	学习方式	0.27	0.119	2.25*
	言语发展	−0.13	0.126	−1.05
	认知和一般知识	0.10	0.093	1.09
	对于 β_1			
	γ_{10}	0.47	0.097	4.87***
	身体健康和动作技能	−0.06	0.071	−0.85
	情绪和社会性	0.01	0.068	0.13
	学习方式	−0.10	0.062	−1.65
	言语发展	0.09	0.071	1.21
	认知和一般知识	−0.07	0.046	−1.52
	随机效应	方差	df	χ^2
	μ_0	6.48	250	1065.12***
	μ_1	1.27	250	515.62***

续表

因变量	家长评价			
	固定效应	系数	*se*	*t*
	对于 β_0			
	γ_{00}	4.56	0.033	138.52***
	身体健康和动作技能	0.02	0.026	0.63
	情绪和社会性	0.04	0.021	1.99*
	学习方式	0.01	0.022	0.46
	言语发展	0.003	0.025	0.12
	认知和一般知识	0.06	0.020	2.08**
学校喜欢	对于 β_1			
	γ_{10}	−0.04	0.020	−2.01*
	身体健康和动作技能	0.003	0.018	0.19
	情绪和社会性	0.001	0.013	0.05
	学习方式	0.003	0.014	−0.23
	言语发展	0.04	0.020	1.90+
	认知和一般知识	−0.02	0.012	−1.96+
	随机效应	方差	*df*	χ^2
	μ_0	0.12	250	442.83***
	μ_1	0.01	250	273.39
	固定效应	系数	*se*	*t*
	对于 β_0			
	γ_{00}	1.66	0.043	38.22***
	身体健康和动作技能	0.002	0.036	0.05
	情绪和社会性	−0.08	0.032	−2.41**
	学习方式	0.01	0.030	0.23
	言语发展	−0.001	0.034	−0.04
	认知和一般知识	−0.04	0.025	−1.73
学校回避	对于 β_1			
	γ_{10}	0.04	0.028	1.28
	身体健康和动作技能	0.003	0.025	0.12
	情绪和社会性	0.01	0.020	0.54
	学习方式	0.01	0.019	0.43
	言语发展	−0.04	0.023	−1.84
	认知和一般知识	−0.001	0.170	−0.07
	随机效应	方差	*df*	χ^2
	μ_0	0.22	250	447.93***
	μ_1	0.03	250	302.68*

续表

	固定效应	系数	se	t
学习行为	对于 β_0			
	γ_{00}	3.96	0.034	113.87***
	身体健康和动作技能	0.05	0.030	1.69
	情绪和社会性	0.02	0.023	0.99
	学习方式	0.05	0.027	1.81
	言语发展	0.04	0.029	1.48
	认知和一般知识	0.10	0.021	4.58***
	对于 β_1			
	γ_{10}	0.01	0.018	0.41
	身体健康和动作技能	−0.01	0.016	−0.75
	情绪和社会性	−0.01	0.012	−1.01
	学习方式	−0.004	0.015	−0.28
	言语发展	0.02	0.017	1.23
	认知和一般知识	−0.02	0.011	−2.07*
	随机效应	方差	df	χ^2
	μ_0	0.17	250	503.52***
	μ_1	0.001	250	233.35

从表 10-5 中家长评价学校适应各指标的多层线性模型分析结果发现：学校喜欢的固定效应结果可以发现，学校喜欢的截距系数 γ_{00}=4.56，表明在 t^2 时低年级小学生喜欢的平均值是 4.56。斜率系数 γ_{10}=0.04（$p < 0.05$）显著，表明低年级小学生从 $t^2 \sim t^4$，学校喜欢逐渐增加，平均增加速率为 0.04。学校喜欢的随机部分的参数估计结果可以看出，第一水平的截距 μ_0=0.16（$p < 0.001$）表明在 t^2 时低年级小学生学校喜欢存在显著的个体间差异。但是斜率 μ_1=0.01（$p > 0.05$）不显著，表明 $t^2 \sim t^4$ 这一时间段，低年级小学生喜欢的增加的速度不存在显著的个体间差异。同时数据结果显示，学校喜欢固定效应的截距和斜率的相关系数为 r=−0.29，表明学校喜欢较高的学生，其降低的速度相对较慢。

同理可以发现，t^2 时低年级小学生学校回避的平均值是 1.66；低年级小学生从 $t^2 \sim t^4$，学校回避没有显著的变化。低年级小学生 t^2 时的学校回避存在显著的个体间差异。

t^2 时低年级小学生学习行为的平均值是 3.96，低年级小学生从 $t^2 \sim t^4$，学习行为没有显著的变化。低年级小学生 t^2 时的学习行为存在显著的个体间差异。

③ 模型Ⅲ：全模型，本研究通过全模型分别考察入学准备各个指标和入学准备类型对教师和家长评价的学校适应各指标的预测作用。全模型是指既包含第一水平预测变量（time），又包括第二水平预测变量的模型（入学准备各指标和入学准备类型）。

模型Ⅲ：全模型 1（入学准备各指标）

Level–1 Model 学校适应各指标 $= \beta_0 + \beta_1$（time）$+ \varepsilon$

Level–2 Model $\beta_0 = \gamma_{00} + \gamma_{01} \times$（身体健康和动作技能）$+ \gamma_{02} \times$（情绪和社会性）$+ \gamma_{03} \times$（学习方式）$+ \cdots + \mu_0$

$\beta_1 = \gamma_{10} + \gamma_{11} \times$（身体健康和动作技能）$+ \gamma_{12} \times$（情绪和社会性）$+ \gamma_{13} \times$（学习方式）$+ \cdots + \mu_1$

经过 HLM7.00 软件进行参数估计，结果见表 10-6。

表 10-6 不同入学准备类型低年级小学生学校适应差异表

		第Ⅰ类 $n=158$	第Ⅱ类 $n=45$	第Ⅲ类 $n=25$	第Ⅳ类 $n=28$	F	事后检验
任务取向能力	t^2	30.32 ± 6.31	26.76 ± 6.40	26.17 ± 6.92	26.32 ± 7.76	6.97^{***}	Ⅰ > Ⅱ，Ⅲ，Ⅳ
	t^3	31.46 ± 6.95	28.90 ± 8.04	28.48 ± 7.80	28.32 ± 8.65	2.97^{*}	Ⅰ > Ⅲ，Ⅳ
	t^4	32.22 ± 6.78	29.39 ± 7.35	30.00 ± 5.22	29.88 ± 7.37	2.86^{*}	Ⅰ > Ⅱ
		$t^2 < t^3 < t^4$	$t^2 < t^3 = t^4$	$t^2 < t^4$	$t^2 < t^3 < t^4$		
行为控制能力	t^2	30.73 ± 5.19	28.84 ± 5.29	29.76 ± 4.57	29.11 ± 4.76	2.09	Ⅰ = Ⅱ = Ⅲ = Ⅳ
	t^3	33.11 ± 4.64	32.54 ± 5.45	32.40 ± 4.86	32.75 ± 5.71	0.27	Ⅰ = Ⅱ = Ⅲ = Ⅳ
	t^4	33.88 ± 5.17	32.35 ± 4.60	33.02 ± 3.40	32.35 ± 4.60	1.69	Ⅰ = Ⅱ = Ⅲ = Ⅳ
		$t^2 = t^3 = t^4$	$t^2 = t^3 = t^4$	$t^2 = t^3 = t^4$	$t^2 = t^3 = t^4$		
自表能力	t^2	30.54 ± 5.33	27.41 ± 5.78	26.56 ± 6.10	27.54 ± 5.80	7.38^{***}	Ⅰ > Ⅱ，Ⅲ，Ⅳ
	t^3	33.13 ± 5.17	31.13 ± 5.94	30.66 ± 5.85	31.27 ± 5.93	2.97^{*}	Ⅰ > Ⅱ，Ⅲ
	t^4	31.99 ± 5.57	29.71 ± 6.03	31.00 ± 4.61	30.98 ± 6.00	2.03	Ⅰ = Ⅱ = Ⅲ = Ⅳ
		$t^2 < t^3 = t^4$	$t^2 < t^3 = t^4$	$t^2 < t^3 = t^4$	$t^2 < t^3 = t^4$		

续表

		第Ⅰ类 $n=158$	第Ⅱ类 $n=45$	第Ⅲ类 $n=25$	第Ⅳ类 $n=28$	F	事后检验
同伴社交能力	t^2	32.45 ± 4.90	30.00 ± 5.45	30.52 ± 5.12	29.57 ± 6.22	4.62^{**}	Ⅰ＞Ⅱ，Ⅳ
	t^3	34.87 ± 5.05	33.41 ± 6.20	33.34 ± 4.93	34.07 ± 6.47	1.24	Ⅰ＝Ⅱ＝Ⅲ＝Ⅳ
	t^4	35.14 ± 4.61	32.55 ± 6.51	33.49 ± 4.37	33.57 ± 5.65	3.60^{*}	Ⅰ＞Ⅱ
		$t^2=t^3=t^4$	$t^2=t^3=t^4$	$t^2=t^3=t^4$	$t^2=t^3=t^4$		
师生关系	t^2	13.05 ± 3.88	11.73 ± 2.00	11.86 ± 1.70	11.98 ± 1.68	2.84^{*}	Ⅰ＞Ⅱ
	t^3	13.47 ± 1.79	13.16 ± 2.24	13.23 ± 1.73	13.41 ± 1.85	0.37	Ⅰ＝Ⅱ＝Ⅲ＝Ⅳ
	t^4	13.63 ± 1.43	13.31 ± 1.76	13.32 ± 1.65	13.52 ± 1.50	0.69	Ⅰ＝Ⅱ＝Ⅲ＝Ⅳ
		$t^2=t^3=t^4$	$t^2=t^3=t^4$	$t^2=t^3=t^4$	$t^2=t^3=t^4$		
学校喜欢	t^2	4.71 ± 0.46	4.56 ± 0.57	4.37 ± 0.76	4.20 ± 0.69	8.60^{***}	Ⅰ＞Ⅱ，Ⅲ；Ⅱ＞Ⅳ
	t^3	4.58 ± 0.57	4.35 ± 0.56	4.46 ± 0.63	4.01 ± 0.77	7.88^{***}	Ⅰ＞Ⅱ，Ⅳ；Ⅱ＝Ⅲ＞Ⅳ
	t^4	4.63 ± 0.43	4.44 ± 0.53	4.40 ± 0.70	4.05 ± 0.75	10.57^{***}	Ⅰ＞Ⅱ，Ⅲ，Ⅳ；Ⅱ＝Ⅲ＞Ⅳ
		$t^2＞t^3$	$t^2＞t^3$	$t^2=t^3=t^4$	$t^2=t^3=t^4$		
学校回避	t^2	1.56 ± 0.74	1.74 ± 0.79	1.84 ± 0.78	1.79 ± 0.66	1.87	Ⅰ＝Ⅱ＝Ⅲ＝Ⅳ
	t^3	1.62 ± 0.73	1.76 ± 0.80	2.02 ± 0.93	2.12 ± 0.78	4.68^{**}	Ⅰ＜Ⅲ，Ⅳ；Ⅱ＜Ⅳ
	t^4	1.58 ± 0.56	1.75 ± 0.61	1.89 ± 1.07	2.25 ± 0.96	8.27^{***}	Ⅰ＜Ⅲ，Ⅳ；Ⅱ＜Ⅳ
		$t^2=t^3=t^4$	$t^2=t^3=t^4$	$t^2=t^3=t^4$	$t^2＜t^3＜t^4$		
学习行为	t^2	4.20 ± 0.52	3.85 ± 0.71	3.60 ± 0.58	3.30 ± 0.69	24.68^{***}	Ⅰ＞Ⅱ，Ⅲ，Ⅳ；Ⅱ＞Ⅳ
	t^3	4.13 ± 0.64	3.77 ± 0.67	3.43 ± 0.54	3.34 ± 0.54	19.57^{***}	Ⅰ＞Ⅱ，Ⅲ，Ⅳ；Ⅱ＞Ⅲ，Ⅳ
	t^4	4.16 ± 0.48	3.92 ± 0.60	3.81 ± 0.70	3.37 ± 0.68	17.92^{***}	Ⅰ＞Ⅱ，Ⅲ，Ⅳ；Ⅱ＝Ⅲ＞Ⅳ
		$t^2=t^3=t^4$	$t^2=t^3=t^4$	$t^3＜t^2=t^4$	$t^2=t^3=t^4$		

注："*"表示 $p < 0.05$，"**"表示 $p < 0.01$，"***"表示 $p < 0.001$；第Ⅰ类＝入学准备良好型，第Ⅱ类＝情绪/社会性和学习方式准备不足型，第Ⅲ类＝认知/一般知识和言语发展准备不足型，第Ⅳ类＝入学准备综合不足型，下同。

通过入学准备各指标对教师评价的学校适应各指标预测作用的分析，任务取向能力固定部分的参数估计结果发现，就截距 β_0 来说，身体健康和动作技能、学习方式、认知和一般支持对 t^2 时间点的任务取向能力有显著的正向预测作用（$\beta_{0身体健康和动作技能}=0.68$，$\beta_{0学习方式}=0.75$，$\beta_{0认知和一般知识}=0.66$，$p < 0.05$），

情绪和社会性、言语发展对 t^2 时间点的任务取向能力预测作用不显著（ p 均 $>$ 0.05）。对于斜率 β_1，入学准备各指标都没有显著的预测作用（ p 均 > 0.05 ），说明入学准备各个指标对任务取向能力随时间变化的速度没有影响。

行为控制能力固定部分的参数估计结果发现，就截距 β_0 来说，身体健康和动作技能、情绪和社会性、学习方式、言语发展、认知和一般支持对 t^2 时间点的行为控制能力的预测作用均不显著（ p 均 > 0.05 ）。就斜率 β_1 来说，身体健康和动作技能对行为控制能力随时间变化的速度有显著的负向预测作用，$\beta_{1身体健康和动作技能} = -0.31$，说明身体健康和动作技能对行为控制能力随时间变化的速度有负向的影响，即身体健康和动作技能越好的儿童，行为控制能力增长的速度反而会越慢。

自表能力固定部分的参数估计结果发现，就截距 β_0 来说，学习方式、认知和一般支持对 t^2 时间点的自表能力有显著的正向预测作用（ $\beta_{0学习方式} = 0.70$，$\beta_{0认知和一般知识} = 0.44$，$p < 0.05$ ），身体健康和动作技能、情绪和社会性、言语发展对 t^2 时间点的自表能力预测作用不显著（ p 均 > 0.05 ）。就斜率 β_1 来说，入学准备各个指标都没有显著的预测作用（ p 均 > 0.05 ），说明入学准备各个指标对自表能力随时间变化的速度没有影响。

同伴社交能力固定部分的参数估计结果发现，就截距 β_0 来说，身体健康和动作技能、学习方式对 t^2 时间点的同伴社交能力有显著的正向预测作用（ $\beta_{0身体健康和动作技能} = 0.87$，$\beta_{0学习方式} = 0.67$，$p < 0.05$ ），情绪和社会性、言语发展、认知和一般知识对 t^2 时间点的同伴社交能力预测作用不显著（ p 均 $>$ 0.05）。就斜率 β_1 来说，入学准备各个指标都没有显著的预测作用（ p 均 > 0.05 ），说明入学准备各个指标对同伴社交能力随时间变化的速度没有影响。

学校适应总体固定部分的参数估计结果发现，就截距 β_0 来说，身体健康和动作技能、学习方式、认知和一般知识对 t^2 时间点的学校适应总体有显著的正向预测作用（$\beta_{0身体健康和动作技能}=2.50$，$\beta_{0学习方式}=2.52$，$\beta_{0认知和一般知识}=1.46$，$p<0.05$），情绪和社会性对 t^2 时间点的学校适应总体有显著的负向预测作用（$\beta_{0情绪和社会性}=-1.20$，$p<0.05$），言语发展对 t^2 时间点的同伴社交能力预测作用不显著（$p>0.05$）。就斜率 β_1 来说，身体健康和动作技能对学校适应总体随时间变化的速度有显著的负向预测作用，$\beta_{1身体健康和动作技能}=-1.07$，说明身体健康和动作技能对学校适应随时间变化的速度有负向的影响，即身体健康和动作技能越好的儿童，学校适应增长的速度反而会越慢。

师生关系固定部分的参数估计结果发现，就截距 β_0 来说，学习方式对 t^2 时间点的同伴社交能力有显著的正向预测作用（$\beta_{0学习方式}=0.27$，$p<0.05$），身体健康和动作技能、情绪和社会性、言语发展、认知和一般知识对 t^2 时间点的同伴社交能力预测作用不显著（$p_均>0.05$）。就斜率 β_1 来说，入学准备各个指标都没有显著的预测作用（$p_均>0.05$），说明入学准备各个指标对师生关系随时间变化的速度没有影响。

通过入学准备各指标对家长评价的学校适应各指标预测作用的分析，学校喜欢固定部分的参数估计结果发现，就截距 β_0 来说，情绪和社会性、认知和一般知识对 t^2 时间点的任务取向能力有显著的正向预测作用（$\beta_{0身体健康和动作技能}=0.04$，$\beta_{0认知和一般知识}=0.06$，$p<0.05$），身体健康和动作技能、学习方式、言语发展对 t^2 时间点的学校喜欢预测作用不显著（$p_均>0.05$）。就斜率 β_1 来说，言语发展对学校喜欢随时间变化的速度有显著的正向预测作用，$\beta_{1言语发展}=0.04$，说明言语发展对学校适应随时间变化的速度有正向的影响，即言语发展越好的儿童，学校喜欢增长的速度会越快。

学校回避固定部分的参数估计结果发现，就截距 β_0 来说，情绪和社会性对 t^2 时间点的任务取向能力有显著的负向预测作用（$\beta_{0情绪和社会性}$=-0.08，$p < 0.05$），身体健康和动作技能、学习方式、言语发展、认知和一般知识对 t^2 时间点的学校回避的预测作用均不显著（$p_均 > 0.05$）。就斜率 β_1 来说，入学准备各个指标都没有显著的预测作用（$p_均 > 0.05$），说明入学准备各个指标对学校回避随时间变化的速度没有影响。

学习行为固定部分的参数估计结果发现，就截距 β_0 来说，认知和一般知识对 t^2 时间点的任务取向能力有显著的正向预测作用（$\beta_{0认知和一般知识}$=0.10, $p < 0.05$），身体健康和动作技能、情绪和社会性、学习方式、言语发展对 t^2 时间点学习行为的预测作用均不显著（$p_均 > 0.05$）。就斜率 β_1 来说，认知和一般知识对学习行为随时间变化的速度有显著的负向预测作用，$\beta_{1身体健康和动作技能}$=-0.02，说明认知和一般知识越好的儿童，学习行为增长的速度反而会越慢。

（2）入学准备类型低年级小学生学校适应发展变化的差异

为了考察不同入学准备类型低年级小学生学校适应的发展变化，以学校适应各指标为组内变量，以儿童入学准备类型、性别和年龄为组间变量进行入学准备类型（4）× 性别（2）× 年龄（2）的重复测量方差分析，结果发现：

在任务取向能力维度上，入学准备类型的主效应显著 [$F(3, 228)$=2.77，$p < 0.05$]，表现为随着时间的增加，入学准备良好型和入学准备不足型儿童的任务取向能力逐渐增加，而情绪 / 社会性和学习方式准备不足型以及认知 / 一般知识和言语发展准备不足型先增加后保持稳定。性别的主效应显著 [$F(1$，

228）=6.12，$p<0.05$］，表现为女生一年级第一学期末（t^2）、一年级第二学期末（t^3）和二年级第一学期末（t^4）时的任务取向能力均高于男生。年龄的主效应以及所有的交互作用均不显著（$p>0.05$）。

在行为控制能力上，性别的主效应显著［$F(1, 228)=5.17$，$p<0.05$］，表现为女生一年级第一学期末（t^2）、一年级第二学期末（t^3）和二年级第一学期末（t^4）时的行为控制能力均高于男生。入学准备类型、年龄的主效应以及所有的交互作用均不显著（$p>0.05$）。

在自表能力维度上，入学准备类型的主效应显著［$F(3, 228)=6.12$，$p<0.05$］，表现为随着时间的增加，入学准备良好型、情绪／社会性和学习方式准备不足型、认知／一般知识和言语发展准备不足型以及入学准备综合不足型四类儿童的自表能力都有先增加后保持稳定的趋势。年龄和性别的主效应以及所有的交互作用均不显著（$p>0.05$）。

在同伴社交能力维度上，入学准备类型、年龄和性别的主效应以及所有的交互作用均不显著（$p>0.05$）。在师生关系上，入学准备类型、年龄和性别的主效应以及所有的交互作用均不显著（$p>0.05$）。

在学校喜欢上，入学准备类型的主效应显著［$F(3, 228)=12.34$，$p<0.05$］，表现为随着时间的增加，入学准备良好型、情绪／社会性和学习方式准备不足型的学校喜欢先降低再增加，而认知／一般知识和言语发展准备不足型以及入学准备综合不足型儿童的学校喜欢没有明显的变化。年龄和性别的主效应以及所有的交互作用均不显著（$p>0.05$）。

在学校回避上，入学准备类型的主效应显著［$F(3, 228)=6.31$，$p<0.05$］，表现为随着时间的增加入学准备综合不足型儿童学校回避逐渐增加，其他三

种类型的学校回避没有明显的变化。年龄和性别的主效应以及所有的交互作用均不显著（$p > 0.05$）。

在学习行为上，入学准备类型的主效应显著[$F(3, 228)$=21.49, $p < 0.05$]，表现为随着时间的增加，入学准备良好型、情绪/社会性和学习方式准备不足型以及入学准备综合不足型的学习行为没有明显的变化，认知/一般知识和言语发展准备不足型的学习行为先下降后上升的趋势。年龄和性别的主效应以及所有的交互作用均不显著（$p > 0.05$）如图 10-1～图 10-3 所示。

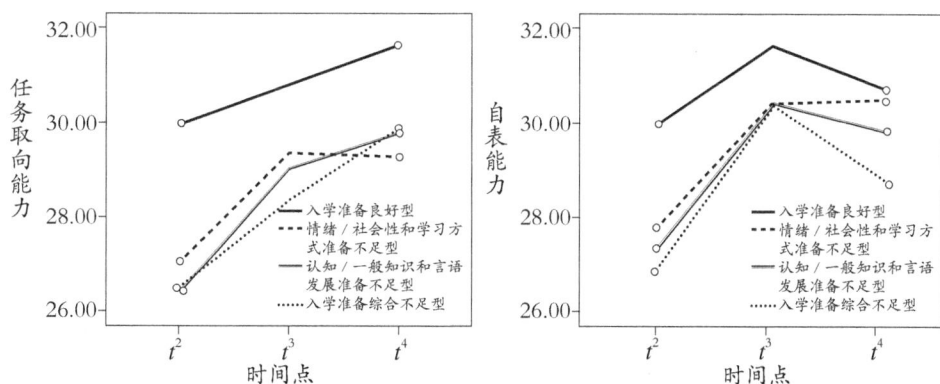

图 10-1 不同入学准备类型低年级小学生任务取向能力和自表能力的发展趋势

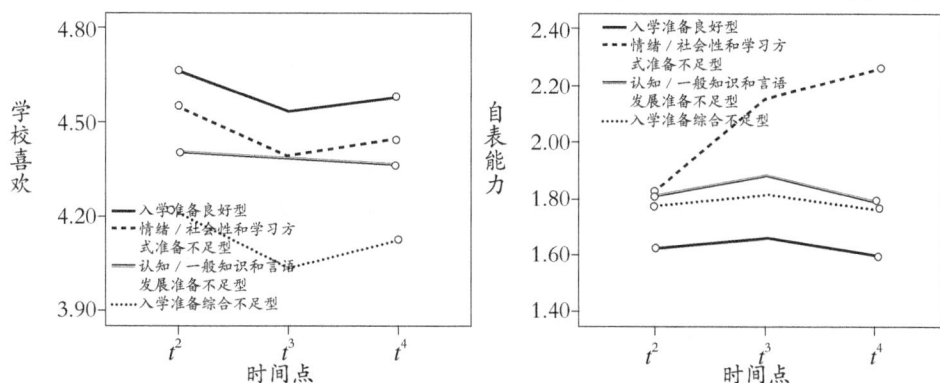

图 10-2 不同入学准备类型低年级小学生学校喜欢和学校回避的发展趋势

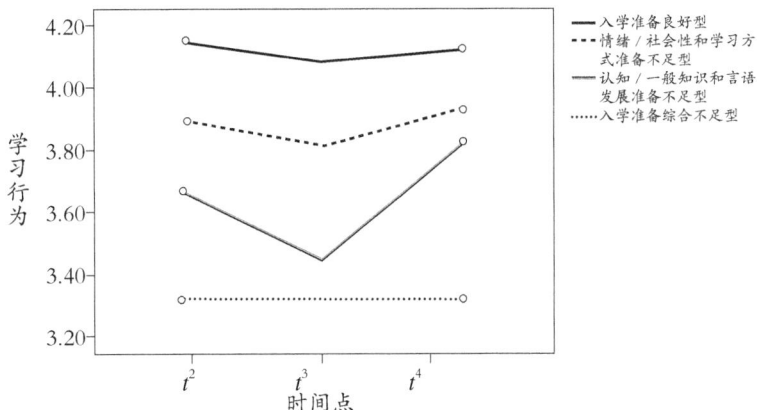

图 10-3　不同入学准备类型低年级小学生学习行为的发展趋势

（五）结果讨论

1. 入学准备对低年级小学生学校适应持续效应

通过回归分析和多元方差分析考察了儿童入学准备各指标及其类型对低年级小学生教师和家长评价的学校适应各指标的短期和长期效应。结果发现，儿童入学准备对不同时间点的学校适应有重要的预测作用，相对来说，儿童入学准备五个领域及其类型对教师评价的任务取向能力、行为控制能力、自表能力、同伴社交能力和师生关系的短期效应更大；对家长评价的学校喜欢、学校回避的长期效应更大，对学习行为的短期效应更大。概括来说，相对于一年级小学生来说，入学准备对二年级小学生的学校喜欢和学校回避的持续作用更明显；对一年级小学生的其他学校适应指标有更为明显的影响，但对其二年级小学生的其他学校适应指标仍存在一定的预测效应。

入学准备作为学龄前儿童从即将开始的正规教育中受益所需要具备的各种关键特征或基础条件对于其后期的学校适应具有重要的影响，尤其对学校适应中的学校喜欢和学校回避的持续影响更为明显。尤其表现为入学准备中的情绪和社会性领域以及言语发展领域在儿童学校喜欢和学校回避中的重要作用。情绪和社会性领域发展较好的儿童，自控能力和合作能力较好、能够站在其他人的角度考虑问题、容易与同伴相处。McKee 和 Bain（1997）的研究也发现，合作能力和自控能力仅能显著负向预测小学低年级儿童的退学问题。言语发展领域准备较好的儿童可以借助语言表达，既能促进同伴之间的沟通和交流，也能借助语言技巧，化解彼此间的冲突和误解，进而更加持续地喜欢学校。

2. 入学准备各指标对低年级小学生学校适应发展速度的影响

本研究通过多层线性模型考察了儿童入学准备各指标对低年级小学生学校适应的发展速度的影响，本研究结果发现身体健康和动作技能越好的儿童，教师评价的行为控制能力和学校适应总体增加的速度反而会越慢。身体健康和动作技能测查了儿童的身体健康状况及大运动和精细运动技能，是儿童早期发展与学习的基础，它影响着儿童入学后的学校适应状况。当儿童的身体健康和动作技能发展较好，其学校适应也已经发展较好。因此，已经发展较好的学校适应状况的增长速度相对来说会慢一点。同理，本研究也发现认知和一般知识越好的儿童，家长评价的学习行为增长的速度反而会越慢。认知和一般知识是预测未来学校适应状况的重要指标。认知发展落后或一般知识不足儿童，比其他人更可能发展成为学校中的学业落后者或问题儿童。儿童早期认知准备状况不足，后期很难恢复（Barnett & Bavister, 1996）。相反，如果儿童的认知和一般知识准备已经达到一个良好的状态，其后期的学习行为适应较好，相对来说增长速度就会变慢。

本研究还发现，言语发展越好的儿童，家长评价的学校喜欢增长的速度会越快。言语是个体利用语言进行交流，表达思想、意见和情感的过程。言语活动作为人类个体之间最主要的沟通形式，对于个体在整个发展过程中的高度社会化始终有着重要意义。儿童借助语言表达，既能促进同伴之间的沟通和交流，也能借助语言技巧，化解彼此间的冲突和误解。相关实证研究也证明，言语发展较好的儿童拥有较强的语言技巧，能较好地处理交往过程中的冲突（Botting & Conti-Ramsden，2008）。同伴关系作为同龄人间在交往过程中建立起和发展起的一种人际关系，在低年级小学生适应学校生活的过程中起着重要的作用。Ladd 研究发现，与朋友一起进入幼儿园的儿童比起那些进入幼儿园时没有朋友的儿童更喜欢幼儿园，培养了对学校的更加积极态度。随着时间的流逝，那些维持了友谊关系的儿童也更加喜欢上学。而被同伴拒绝的儿童，相对于其他儿童来说，对学校持积极态度、有积极的学校表现的可能性较小（Ladd，1996）。因此，言语发展领域准备较好儿童，能够在学校环境中建立良好的同伴关系，从而促进其学校喜欢的程度。

3. 不同入学准备类型低年级小学生学校适应发展变化的差异

入学准备水平是儿童学校生涯上的起点，对儿童未来学校生活中的成功有着很大的预测作用。本研究采用重复测量方差分析考察了不同入学准备类型低年级小学生学校适应发展变化的差异，结果发现：在教师评价的任务取向能力维度上随着时间的增加，入学准备良好型和入学准备不足型儿童的任务取向能力逐渐增加，而情绪 / 社会性和学习方式准备不足型以及认知 / 一般知识和言语发展准备不足型先增加后保持稳定。这一结果告诉我们，随着儿童入学时间的增加，四类儿童的任务取向能力都有一定程度的增加。同样地，随着时间的增加，入学准备良好型、情绪 / 社会性和学习方式准备不足型、认知 / 一般知识和言语发展准备不足型以及入学准备综合不足型四类儿童的自表能力都有先增加后保持稳定的趋势。这些结果均符合儿童的身心发展规律。随着儿童年龄增长，他们的身心不断发展，学习各种知识、方法，理解社会常识、学会自我控制、掌握人际交往技巧，因而其任务取向能力和自表能力都有一定程度的增长。

在家长评价的学校喜欢指标上，随着时间的增加，入学准备良好型、情绪 / 社会性和学习方式准备不足型以及入学准备综合不足型儿童的学校喜欢先降低再增加，而认知 / 一般知识和言语发展准备不足型儿童的学校喜欢没有明显的变化。出现这样的表现，可能的原因是学生入学前家长和幼儿教师给孩子描述更多的是上小学的自豪感和成就感，儿童开始进入小学时表现的很多好奇，表现出对学习的喜欢，而进入小学一段时间后，儿童逐渐感觉到进入小学后的纪律约束、学业压力、与人交往方面遇到的困难没有心理准备，容易降低小学生的学校喜欢。但是，随着时间的逐渐增加，儿童开始逐渐建立起的同伴友谊关系将增加其对学校的喜欢程度。

在学校回避维度上，随着时间的增加，入学准备综合不足型儿童的学校回避逐渐增加，其他三种类型儿童的学校回避没有明显的变化。入学准备综合不足型的儿童在其五个领域的准备状况均存在不足，相关研究发现，身体健康和动作技能比较差的儿童更容易被其他儿童嘲笑，在学校表现中更退缩、不积极主动等（Knight & Prentky，1993）。相反那些动作技能发展和言语发展较好的儿童能够更快地融入集体活动中，在活动中也更受欢迎（Field，Diego，& Sanders，2001）。Villanueva等的研究表明，儿童的情绪理解能力越高，他们在同伴群体中越受欢迎。同伴关系作为儿童学校生活的主要人际关系之一，将直接影响低年级小学生的学校喜好。因此，入学准备综合不足型的儿童由于其各方面准备状况不足，可能在小学中更容易受到排挤、不受欢迎，进而逐渐增加其对学校的回避。

入学准备良好型、情绪/社会性和学习方式准备不足型以及入学准备综合不足型儿童的学习行为没有明显的变化，认知/一般知识和言语发展准备不足型儿童的学习行为先下降后上升的趋势。这一结果告诉我们，儿童的认知和一般知识以及言语发展准备不足会导致儿童开始的学习行为下降，但是随着时间的增加，一些练习等的因素的作用会使其学习行为又有上升的趋势。

（六）结论

（1）随着时间的增加，儿童入学准备五个领域及其类型对教师评价的任务取向能力、行为控制能力、自表能力、同伴社交能力、学校适应总体和师生关系的短期效应更大。

（2）随着时间的增加，儿童入学准备五个领域及其类型对家长评价的学校喜欢、学校回避的长期效应更大，而对学习行为的短期效应更大。

（3）身体健康和动作技能越好的儿童，行为控制能力和学校适应总体增加的速度会越慢。认知和一般知识越好的儿童，家长评价的学习行为增长的速度会越慢。言语发展越好的儿童，家长评价的学校喜欢增长的速度会越快。

（4）随着时间的增加，入学准备良好型儿童的任务取向能力逐渐增加，自表能力先增加后保持稳定，学校喜欢先降低后增加，学校回避和学习行为没有明显的变化；情绪 / 社会性和学习方式准备不足型儿童的任务取向能力先增加后保持稳定，自表能力先增加后保持稳定，学校喜欢先降低后增加，学校回避和学习行为没有明显的变化；认知 / 一般知识和言语发展准备不足型儿童的任务取向能力和自表能力先增加后保持稳定，学校喜欢和学校回避没有明显的变化，学习行为先下降后上升；入学准备综合不足型儿童的任务取向能力逐渐增加，自表能力都有先增加后保持稳定，学校喜欢先降低后增加，学校回避逐渐增加，学习行为没有明显的变化。

第十一章 家庭因素和入学准备对儿童学校适应的作用机制研究

20世纪80年代以来，心理学领域出现了两个重要的理论模型：系统发展观与生态发展观。相比而言，系统发展观认为心理发展是系统发展变化的结果，强调系统内因素之间、子系统之间、人与人之间、人与环境之间动态关系的发展意义。生态发展观认为心理或行为是人与环境的函数，强调人—环境的拟合。随着研究的发展，两理论日趋融合，掀起了心理学研究中的一次新热潮，也就是布朗芬布伦纳的生态系统理论，该理论提出了四种系统，即小系统、中间系统、外系统和大系统都可以对儿童发展产生作用。小系统主要指家庭。小系统中的人，如儿童的父母、其他家人对儿童的入学准备产生最直接的影响。中间系统是指儿童直接接触的环境之间的相互关系，包括幼儿园、学前班、儿童所在社区等场所之间的关系。外系统是指影响儿童入学准备的社会环境，包括家长的职业状况、社会地位、经济收入、受教育水平、社会交往。

大系统由家庭成员的世界观、思维方式、价值观、行为规范和社会政策等因素组成。生态系统理论的提出为研究儿童发展问题提供了新的视角，即在儿童发展的过程中，外系统，如家长的经济收入、受教育水平会通过小系统（如儿童的父母等）作用于儿童的发展。在整个家庭系统中，研究者关注较多而且对儿童青少年心理发展影响较大的因素主要包括家庭社会经济地位、父母教养方式等（Bradley & Corwyn，2002；Jodl, Michael, Malanchuk, Eccles, & Sameroff, 2001; Steinberg, Lamborn, Dornbusch, & Darling, 1992）。Mcloyd（1998）研究发现，家庭社会经济地位可以通过家长的养育风格、家庭的社会危险因素、家庭学习环境等其他方面间接影响儿童的发展。学校适应作为衡量儿童学校表现的重要指标会受到儿童早期的认知技能、身体和心理健康、情绪水平等因素的影响（Huffman, et al., 2000；Raver，2002）。因此，本研究运用人类发展生态系统理论作为理论框架，探讨生态系统理论中外系统如何通过小系统影响儿童的入学准备，进而如何作用多个测查时间点的教师和家长评价的学校适应各指标，全面深入地探讨家庭因素与儿童入学准备状况对其后期学校适应的作用机制。这一研究结果对于丰富儿童心理发展的理论内涵，及早发现学校适应不良儿童，并采取有针对性的干预措施具有重要的意义。

家庭是儿童发展的第一课堂，家庭因素对儿童发展具有重要的意义。本研究结果发现家庭收入、父母学历、父母教养方式和亲子关系满意度、亲子日常活动均对儿童的入学准备有重要的意义。研究结果发现，儿童的入学准备会影响到其后期的学校适应状况。家庭因素是否会对儿童的入学准备产生交互影响，进而影响其后期不同时间的学校适应状况值得进一步探讨。因此，本研究参照生态系统理论的观点和梳理已有研究的基础上建立了家庭因素与儿童入学准备状况对后期教师和家长评价的学校适应作用机制模型，如图 11-1 所示。

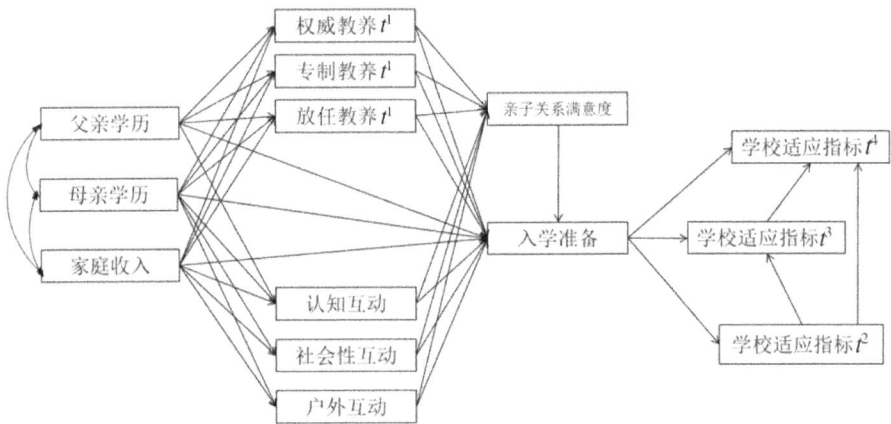

图 11-1　家庭因素与入学准备对教师和家长评价的学校适应指标交互影响的理论模型

（一）研究被试

本研究的被试是 4 次测试时间点的有效被试共 256 名，男生 125 名（48.8%），女生 131 名（51.2%）。

（二）研究工具

本研究所使用的研究工具将包括家庭影响因素，包括家庭收入、父母受教育程度、父母教养方式、亲子日常活动、亲子关系满意度以及教师评价的学校适应问卷和师生关系问卷，家长评价的学校喜好问卷和学习行为问卷，具体信息如下：

1. 家庭收入

通过询问父母"您家庭总收入 / 月：＿＿＿＿"一道题目进行测查，原始题目为 5 点计分（① 3000 元及以下；② 3001 ～ 5000 元；③ 5001 ～ 10000 元；④ 10001-20000 元；⑤ 20001 元或以上）。本研究中由于被试选择③、④、⑤的较少，因此对③、④、⑤选项进行合并，把家庭年收入合并为三类，分别为：3000 元及以下、3001 ～ 5000 元、5001 元及以上。

2. 父母受教育程度

包括两道题目，由填写问卷的父亲或母亲回答父亲学历和母亲学历，原始题目为 6 点计分（① 小学或小学以下；② 初中；③ 中专 / 高中；④ 大专；⑤ 本科；⑥ 研究生或研究生以上），本研究根据需要对选项进行合并，把父母亲的受教育程度均合并为四类，分别为："小学及以下""初中""中专 / 高中""大专及以上"。

3. 父母教养方式问卷

采用中国台湾地区陈富美教授根据 Robinson 问卷所修订的父母教养方式问卷。该问卷共 59 道题目，分别从权威、专制和放任三个维度考察父母教养方式。权威维度包括温暖、说理、民主、随和 4 个子因子。专制维度包括命令、体罚、不说理、言语攻击 4 个子因子。采用从"从不"到"总是"5 点计分，将温暖、说理、民主、随和 4 个因子的平均分之和作为权威维度的总分；将命令、体罚、不说理、言语攻击 4 个因子的平均分之和作为专制维度的总分；将缺乏坚持性、忽视、自信 3 个因子平均分之和作为放任维度的总分。本研究中问卷各维度内部一致性系数在 0.70 ～ 0.93。

4. 亲子日常活动问卷

亲子日常活动问卷在参考已有相关研究的基础上自编而成，主要包括父母与儿童的日常活动，共21道题目。主要涉及认知互动（如家长给孩子讲故事和孩子一起阅读；家长和孩子阅读时，家长用手指着文字阅读内容）、社会性互动（如当家里来客人的时候，父母会鼓励孩子与客人交流；孩子与同伴发生矛盾时，家长会给予建议，但尽量让孩子自己解决问题）和户外互动（如带孩子进行一些必要的身体锻炼活动，如跑步、打球等；周末或假期，家长带孩子进行爬山、外出旅行等活动）三个方面的内容。本研究中该问卷的内部一致性系数为0.85。

5. 亲子关系满意度问卷

亲子关系满意度问卷是在参考已有相关研究的基础上自编而成，包括4道题，分别为：① 为人父母，你得到的满足感有多少？采用"十分满足""比较满足""一般""不太满足"和"没有满足感"5点计分；② 总的来说，你的儿子（或）女儿的行为令你感到开心吗？采用"十分开心""比较开心""一般""不太开心"和"完全不开心"5点计分；③ 总的来说，你觉得你和你儿子（或女儿）相处得怎样？采用"十分好""比较好""一般""不太好"和"完全不好"5点计分；④ 对你来说，你觉得做父亲/母亲是一件愉快的事情吗？采用"总是觉得""几乎总觉得""经常觉得""有时觉得"和"从来没有觉得"5点计分。4道题目的平均分为亲子关系满意度的总分，分数越高表明对亲子关系越满意。本研究中该问卷的内部一致性系数为0.78。

6. 入学准备家长核查表

采用盖笑松等编制的儿童入学准备家长核查表（School Readiness Checklist-Parent version，SRC-P）。SRC-P 是在借鉴国外已有工具的基础上，参照 NEGP 提出的五领域模型，并结合我国儿童的实际发展情况编制的。该量表共包含 50 道题目（其中含 5 道测谎题），内容涵盖了儿童身体健康和运动技能、情绪和社会性、学习方式、言语发展、认知和一般知识五个领域的发展情况。量表中的每道题目都陈述了儿童日常生活中的行为表现或某种能力，要求家长判断儿童是否存在这些行为、或是否具有该能力。例如："在幼儿园时，很少和小朋友一起玩""能够清楚地叙述一件比较复杂的事情"。儿童入学准备家长核查表采用 0，1 计分方式。量表中包含正向题和反向题。对于正向题，"否"记为 0，"是"记为 1；对于反向题，"是"记为 0，"否"记为 1。该量表的内部一致性系数为 0.80。

7. 学校适应问卷

采用唐浪（2004）修订的教师—儿童评定量表（T-CRS2.1），该量表主要用于 1～8 年级中小学生，共 32 道题目，4 个分量表：任务取向（Task Orientation），评估儿童与学校相关任务的能力状况；行为控制（Behavior Control），评估儿童忍受和适应学校环境强加的或孩子自身限制的能力；自表能力（Assertiveness），测量儿童人际功能和与同辈交往的信心；同辈社交能力(Peer Social Skills)，测量儿童在同辈中受欢迎程度以及与同辈互动得如何。每个分量表含 8 道题目，4 道积极题目和 4 道消极题目，每道题采用从"非常不同意"到"非常同意"5 点计分。每个分量表得分均为（24 − 4 道消极题目得分之和＋4道积极题目得分之和），4个分量表得分相加为学校适应总分，分数越高则说明学校适应越好。本研究中4个分量表和总体的内部一致性系数分别为0.89、0.84、0.84、0.89、0.95。

8. 师生关系问卷

师生关系问卷的原问卷由Pianta（1994）编制，经王耘（2002）修订，共有28道题目，分为亲密性、冲突性和反应性三个维度，采用教师报告，要求班主任根据与学生的日常关系采用"非常不符合"到"非常符合"的5点计分。本研究选取师生关系问卷各个维度中载荷较高的共10道题目进行研究，其中亲密性、冲突性和反应性维度的题目数依次为3、4、3。各维度计平均分，各维度分数之和为量表总分。本研究中该问卷的内部一致性系数为0.83。

9. 学校喜好问卷

学校喜好问卷是在参考Teacher Rating of School Liking and School Avoidance（[TRSSA] Birch & Ladd，1997）问卷基础上编制，共8道题目，包括学校喜欢（5道，如"喜欢上学"）和学校回避（3道，如"经常说要是不用上学就好了"）两个维度，采用"不符合""不太符合""中等""较符合"和"完全符合"5点计分。本研究中学校喜欢维度的内部一致性系数为0.87，学校回避维度的内部一致性系数为0.71。

10. 学习行为问卷

该问卷是在借鉴Biggs（1987）编制，经王耘（2001）修订，共有16道题目，包括学习兴趣、学习信心和学习效能感三个维度。儿童家长采用从"不符合"

到"完全符合"5 点计分，三个维度的平均分为学习行为总分，得分越高表明学习行为越好。本研究中，该问卷的内部一致性系数为 0.91。

（三）数据处理与分析

采用 SPSS17.0 和 Amos18.0 统计软件进行数据分析与管理。

（四）研究结果

1. 追踪期内父母教养方式的变化状况

为了考察父母教养方式的短期发展趋势，首先考察入学初（t^1）、一年级第二学期末（t^3）、二年级第一学期末（t^4）三次权威、专制和放任教养方式的相关，结果发现：t^1 时的权威教养方式与 t^3 和 t^4 时权威教养方式显著正相关，其相关系数分别为 0.454 和 0.384。t^1 时专制教养方式与 t^3 和 t^4 时专制教养方式显著正相关，其相关系数分别为 0.569 和 0.478。t^1 时放任教养方式与 t^3 和 t^4 时放任教养方式显著正相关，其相关系数分别为 0.464 和 0.335。这些结果表明，儿童的父母教养方式存在连续性（见表 11–1）。

表 11–1 不同时间点儿童父母教养方式的相关

	权威(t^1)	专制(t^1)	放任(t^1)	权威(t^3)	专制(t^3)	放任(t^3)	权威(t^4)	专制(t^4)	放任(t^4)
权威(t^1)	1	−0.023	−0.131*	0.454**	−0.107	−0.082	0.384**	−0.022	−0.158*
专制(t^1)		1	0.560**	−0.163**	0.569**	0.402**	−0.066	0.478**	0.336**
放任(t^1)			1	−0.175**	0.339**	0.464**	−0.050	0.231**	0.335**
权威(t^3)				1	−0.076	−0.203**	0.484**	−0.107	−0.151*
专制(t^3)					1	0.628**	−0.018	0.495**	0.368**
放任(t^3)						1	−0.092	0.416**	0.490**
权威(t^4)							1	−0.071	−0.196**
专制(t^4)								1	0.565**
放任(t^4)									1

为了进一步考察不同时间点儿童父母教养方式是否存在差异，以 t^1、t^3、t^4 三次父母的权威、专制和放任教养方式为组内变量，进行重复测量方差分析（见表 11-2），结果显示：t^1、t^3、t^4 三次的权威、专制和放任教养方式均不存在显著的差异 [$F(2, 510)=0.69$，$p=0.50$；$F(2, 510)=1.12$，$p=0.33$；$F(2, 510)=2.67$，$p=0.15$]。

表 11-2　不同时间点儿童父母教养方式的差异

	t^1		t^3		t^4		F
	M	SD	M	SD	M	SD	
权威	10.53	2.68	10.47	2.71	10.66	2.39	0.69
专制	4.74	2.04	4.91	2.13	4.77	1.75	1.12
放任	2.70	1.27	2.90	1.42	2.85	1.09	1.67

以上结果发现，低年级小学生的权威、专制和放任教养方式在短期的追踪过程中并没有发生显著的变化，比较稳定。因此，后面关于家庭因素和入学准备对低年级小学生学校适应的作用机制探讨将以新生入学初（t^1）时的父母教养方式作为预测变量。

2. 家庭因素与入学准备对低年级小学生学校适应的交互影响

由于不同评价者学校适应指标的评价合并可能不合理，因此，本研究分别构建家庭因素与入学准备对教师和家长评价学校适应指标交互影响的结构模型。

在建构模型时，家庭收入、父母学历、父母教养方式、亲子日常活动、亲子关系满意度、入学准备和 t^2、t^3、t^4 时教师评价的学校适应各指标均作为外显变量处理。其中，家庭因素中的父母教养方式包括权威、专制和放任三个维度，亲子日常活动包括认知互动、社会性互动和户外互动三个维度。权威教养方式得分越高表示父母的教养越体现出更多的温暖、民主和理性，教养方式越积极；专制教养方式得分越高表示父母的教养越体现出更多的惩罚、批评，教养方式越消极；放任教养方式得分越高表示父母的教养越体现出更多的对儿童的忽视，缺乏坚持性，教养方式越消极。认知互动、社会性互动和户外互动分数越高，表明家长日常与儿童进行各个方面的互动更多。亲子关系满意度分数越高表明亲子关系满意度越好。学校适应得分越高，表示儿童学校适应状况越好。师生关系得分越高表示儿童师生关系越好。为了简化模型，本研究只选取了入学准备总分进入模型机制探讨，入学准备分数越高表明儿童入学准备越良好。

关于模型拟合指标，本研究选取了 x^2、自由度、NFI、CFI、TLI、CFI 和 RMSEA 作为模型拟合指标来考察模型的拟合度。NFI、CFI、TLI、CFI 和 RMSEA 越接近于 1 越好，一般建议为在 0.80 以上未尚可，在 0.90 以上为很好。RMSEA 值较为稳定，其数值的改变不易受样本数多少以及模型复杂度的影响，因而在评价模型拟合度时，RMSEA 值均比其他指标为佳（Marsh & Balla，1994）。RMSEA 数值在 0.08 ~ 0.10 则是模型尚可，具有普通适配；在 0.05 ~ 0.08 表示模型良好，即有合理配置；而如果其数值小于 0.05 表示模型适配度非常好（Browne & Cudeck，1993）。x^2 容易受样本的大小的影响，在这里只做参考。

通过 Amos18.0 的数据分析发现，家庭收入、父母学历、父母教养方式、亲子日常活动、亲子关系和入学准备对低年级小学生教师评价的学校适应和师生关系的整合作用模型的拟合指数可以接受（见表 11-3）。

表 11-3　家庭因素与入学准备对低年级小学生教师评价学校适应预测模型的拟合指数

χ^2	df	NFI	IFI	TLI	CFI	RMSEA
169.40	75	0.91	0.95	0.90	0.95	0.070

表 4-3 可以发现：本研究建构的模型中，家庭因素与儿童入学准备对教师评价的学校适应的交互影响主要通过以下六条路径：

（1）父亲学历→权威教养方式→亲子关系满意度→入学准备→学校适应 t^2/师生关系 t^2→学校适应 t^3/师生关系 t^3→学校适应 t^4/师生关系 t^4 或者是学校适应 t^2→学校适应 t^4，而师生关系 t^2 到师生关系 t^4 预测作用不显著。其中，父亲学历对权威教养方式的路径系数 β =0.23（$p<0.05$）；权威教养方式对亲子关系满意度的路径系数 β =0.22（$p<0.05$）；亲子关系满意度对入学准备的路径系数 β =0.13（$p<0.05$）；入学准备对 t^2 时教师评价的学校适应和师生关系的路径系数分别为 β =0.28 和 0.15（$p<0.05$），t^2 时的学校适应对 t^3 和 t^4 时学校适应的路径系数分别为 β =0.68 和 0.26（$p<0.05$），t^3 时对 t^4 时的路径系数为 β =0.35（$p<0.05$）；t^2 时的师生关系对 t^3 时的路径系数为 β =0.38（$p<0.05$），t^3 时对 t^4 时的路径系数为 β =0.58（$p<0.05$）。

（2）母亲学历→户外互动→入学准备→学校适应 t^2/师生关系 t^2→学校适应 t^3/师生关系 t^3→学校适应 t^4/师生关系 t^4 或者是学校适应 t^2→学校适应 t^4，而师生关系 t^2 到师生关系 t^4 预测作用不显著。其中，母亲学历对户外互动的路径系数 β =0.22（$p<0.05$）；户外互动对入学准备的路径系数 β =0.21（$p<0.05$）；入学准备对 t^2 时教师评价的学校适应和师生关系的路径系数分别为 β =0.28 和 0.15（$p<0.05$），t^2 时的学校适应对 t^3 和 t^4 时学校适应的路

径系数分别为 β =0.68 和 0.26（$p<0.05$），t^3 时对 t^4 时的路径系数为 β =0.35（$p<0.05$）；t^2 时的师生关系对 t^3 时的路径系数为 β =0.38（$p<0.05$），t^3 时对 t^4 时的路径系数为 β =0.58（$p<0.05$）。

（3）母亲学历→户外互动→亲子关系满意度→入学准备→学校适应 t^2/师生关系 t^2→学校适应 t^3/师生关系 t^3→学校适应 t^4/师生关系 t^4 或者是学校适应 t^2→学校适应 t^4，而师生关系 t^2 到师生关系 t^4 预测作用不显著。其中，母亲学历对户外互动的路径系数 β =0.22（$p<0.05$）；户外互动对亲子关系满意度的路径系数 β = 0.14（$p<0.05$）；亲子关系满意度对入学准备的路径系数 β =0.13（$p<0.05$）；入学准备对 t^2 时教师评价的学校适应和师生关系的路径系数分别为 β =0.28 和 0.15（$p<0.05$），t^2 时的学校适应对 t^3 和 t^4 时学校适应的路径系数分别为 β =0.68 和 0.26（$p<0.05$），t^3 时对 t^4 时的路径系数为 β =0.35（$p<0.05$）；t^2 时的师生关系对 t^3 时的路径系数为 β =0.38（$p<0.05$），t^3 时对 t^4 时的路径系数为 β =0.58（$p<0.05$）。

（4）认知、户外互动→亲子关系满意度→入学准备→学校适应 t^2/师生关系 t^2→学校适应 t^3/师生关系 t^3→学校适应 t^4/师生关系 t^4 或者是学校适应 t^2→学校适应 t^4，而师生关系 t^2 到师生关系 t^4 预测作用不显著。认知互动和户外互动对亲子关系满意度的路径系数分别为 β =0.15 和 0.21（$p<0.05$）；亲子关系满意度对入学准备的路径系数 β =0.13（$p<0.05$）；入学准备对 t^2 时教师评价的学校适应和师生关系的路径系数分别为 β =0.28 和 0.15（$p<0.05$），t^2 时的学校适应对 t^3 和 t^4 时学校适应的路径系数分别为 β =0.68 和 0.26（$p<0.05$），t^3 时对 t^4 时的路径系数为 β =0.35（$p<0.05$）；t^2 时的师生关系对 t^3 时的路径系数为 β =0.38（$p<0.05$），t^3 时对 t^4 时的路径系数为 β =0.58（$p<0.05$）。

（5）专制、放任教养方式→入学准备→学校适应 t^2/师生关系 t^2→学校适应 t^3/师生关系 t^3→学校适应 t^4/师生关系 t^4 或者是学校适应 t^2→学校适应 t^4，而师生关系 t^2 到师生关系 t^4 预测作用不显著。专制和放任教养方式对儿童入学准备的路径系数分别为 β =-0.14 和 -0.22（$p<0.05$）；入学准备对 t^2 时教师评价的学校适应和师生关系的路径系数分别为 β =0.28 和 0.15（$p<0.05$），t^2 时的学校适应对 t^3 和 t^4 时学校适应的路径系数分别为 β =0.68 和 0.26（$p<0.05$），t^3 时对 t^4 时的路径系数为 β =0.35（$p<0.05$）；t^2 时的师生关系对 t^3 时的路径系数为 β =0.38（$p<0.05$），t^3 时对 t^4 时的路径系数为 β =0.58（$p<0.05$）。

（6）专制、放任教养方式→亲子关系满意度→入学准备→学校适应 t^2/师生关系 t^2→学校适应 t^3/师生关系 t^3→学校适应 t^4/师生关系 t^4 或者是学校适应 t^2→学校适应 t^4，而师生关系 t^2 到师生关系 t^4 预测作用不显著。专制和放任教养方式对亲子关系满意度的路径系数分别为 β =-0.18 和 -0.20（$p<0.05$）；亲子关系满意度对入学准备的路径系数 β =0.13（$p<0.05$）；入学准备对 t^2 时教师评价的学校适应和师生关系的路径系数分别为 β =0.28 和 0.15（$p<0.05$），t^2 时的学校适应对 t^3 和 t^4 时学校适应的路径系数分别为 β =0.68 和 0.26（$p<0.05$），t^3 时对 t^4 时的路径系数为 β =0.35（$p<0.05$）；t^2 时的师生关系对 t^3 时的路径系数为 β =0.38（$p<0.05$），t^3 时对 t^4 时的路径系数为 β =0.58（$p<0.05$）。

由此可见，① 父亲学历通过权威教养方式影响亲子关系满意度进而影响儿童的入学准备；儿童的入学准备状况对其 t^2 时间教师评价的学校适应和师生关系具有重要的正向预测作用，t^2 时的学校适应和师生关系可以正向预测 t^3 时的学校适应和师生关系、t^3 时的学校适应和师生关系正向预测 t^4 时的学校适应和师生关系；且 t^2 时的学校适应可以正向预测 t^4 时的学校适应；而且 t^2 时的师生关系对 t^4 时的预测作用不显著。② 母亲的学历通过亲子日常户外活动直接或者通过亲子关系满意度间接两条途径影响到儿童的入学准备；儿童的入学准备影响其后期教师评价的学校适应和师生关系。认知互动和户外互动可以通过亲子关系满意度间接影响儿童的入学准备状况。③ 专制和放任教养方式可以直接或者通过亲子关系满意度间接影响儿童的入学准备状况。

其中，父母学历、父母教养方式、亲子日常活动、亲子关系满意度与儿童入学准备对 t^2、t^3 和 t^4 教师评价的学校适应/师生关系的解释率依次为 8.00%、26.00% 和 33.00%；2.00%、15.00% 和 37.00%，如图 11-2 所示。

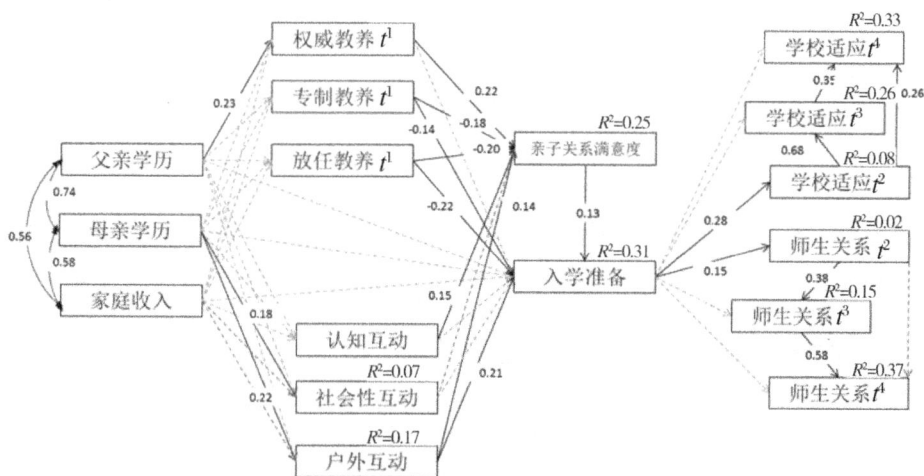

图 11-2 的节点与路径系数如下：

- 权威教养 t^1
- 专制教养 t^1
- 放任教养 t^1
- 父亲学历、母亲学历、家庭收入（相关系数 0.74、0.56、0.58）
- 0.23、0.22、-0.14、-0.18、-0.20、-0.22、0.18、0.22、0.15
- 亲子关系满意度 $R^2=0.25$
- 认知互动 $R^2=0.07$
- 社会性互动 $R^2=0.17$
- 户外互动
- 入学准备 $R^2=0.31$（0.14、0.13）
- 学校适应 t^4 $R^2=0.33$
- 学校适应 t^3 $R^2=0.26$、0.26、0.35
- 学校适应 t^2 $R^2=0.08$、0.68
- 师生关系 t^2 $R^2=0.02$、0.28
- 师生关系 t^3 $R^2=0.15$、0.15、0.38
- 师生关系 t^4 $R^2=0.37$、0.58
- 0.21

图 11-2 家庭因素与儿童入学准备对教师评价的学校适应的交互影响

同理，建立了家庭因素与儿童入学准备对家长 t^2、t^3 和 t^4 评价的学校适应各指标交互影响的模型。通过 Amos18.0 的数据分析发现，父母学历、父母教养方式、亲子日常活动、亲子关系和入学准备对低年级小学生家长评价的学校适应各指标整合作用模型的拟合指数可以接受，见表 11-4。

表 11-4　家庭因素与入学准备对低年级小学生家长评价学校适应预测模型的
拟合指数

χ^2	df	NFI	IFI	TLI	CFI	RMSEA
273.10	121	0.88	0.93	0.88	0.92	0.070

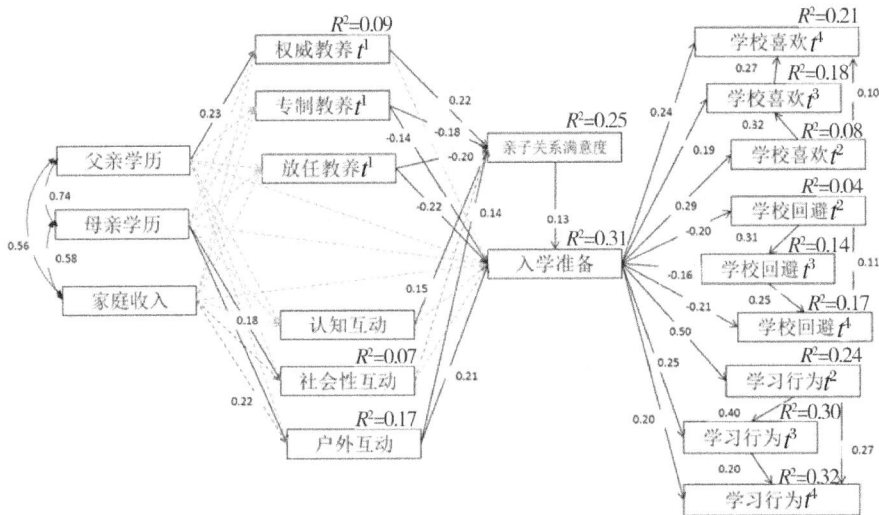

图 11-3　家庭因素与儿童入学准备对家长评价的学校适应的交互影响

从图 11-3 可以发现：本研究建构的模型中，家庭因素与儿童入学准备对
家长评价的学校适应的交互影响主要通过以下六条路径：

（1）父亲学历→权威教养方式→亲子关系满意度→入学准备→学校喜欢
t^2/学校回避 t^2/学习行为 t^2、学校喜欢 t^3/学校回避 t^3/学习行为 t^3、学校喜欢
t^4/学校回避 t^4/学习行为 t^4 或者是 $t^2 \to t^4$；$t^3 \to t^4$；$t^2 \to t^3 \to t^4$。其中，父亲学
历对权威教养方式的路径系数 $\beta = 0.23$（$p<0.05$）；权威教养方式对亲子关系
满意度的路径系数 $\beta = 0.22$（$p<0.05$）；亲子关系满意度对入学准备的路径系
数 $\beta = 0.13$（$p<0.05$）；入学准备总体对 t^2 时家长评价的学校喜欢、学校回避、

学习行为的路径系数分别为 β =0.29、–0.20 和 0.50（$p<0.05$），对 t^3 时家长评价的学校喜欢、学校回避、学习行为的路径系数分别为 β =0.19、–0.16 和 0.25（$p<0.05$），对 t^4 时家长评价的学校喜欢、学校回避、学习行为的路径系数分别为 β =0.24、–0.21 和 0.20（$p<0.05$），t^2 时的学校喜欢、学校回避、学习行为为 t^3 和 t^4 时的学校喜欢、学校回避、学习行为路径系数分别为 β =0.32 和 0.10、β =0.31 和 0.11、β =0.40 和 0.27（$p<0.05$）；t^3 时的学校喜欢、学校回避、学习行为对 t^4 时的学校喜欢、学校回避、学习行为路径系数为 β =0.27、0.25、0.20（$p<0.05$）。

（2）母亲学历→户外互动→入学准备→学校喜欢 t^2/ 学校回避 t^2/ 学习行为 t^2、学校喜欢 t^3/ 学校回避 t^3/ 学习行为 t^3、学校喜欢 t^4/ 学校回避 t^4/ 学习行为 t^4 或者是 $t^2 \rightarrow t^4$；$t^3 \rightarrow t^4$；$t^2 \rightarrow t^3 \rightarrow t^4$；母亲学历对社会性互动和户外互动的预测系数分别为 β =0.18 和 0.22（$p<0.05$），户外互动对入学准备的预测系数 β =0.21（$p<0.05$）。其中，母亲学历对户外互动的预测系数为 β =0.22（$p<0.05$）；户外互动对入学准备的预测系数 β =0.21（$p<0.05$）；入学准备总体对 t^2 时家长评价的学校喜欢、学校回避、学习行为的路径系数分别为 β =0.29、–0.20 和 0.50（$p<0.05$），对 t^3 时家长评价的学校喜欢、学校回避、学习行为的路径系数分别为 β =0.19、–0.16 和 0.25（$p<0.05$），对 t^4 时家长评价的学校喜欢、学校回避、学习行为的路径系数分别为 β =0.24、–0.21 和 0.20（$p<0.05$），t^2 时的学校喜欢、学校回避、学习行为 t^3 和 t^4 时的学校喜欢、学校回避、学习行为路径系数分别为 β =0.32 和 0.10、β =0.31 和 0.11、β =0.40 和 0.27（$p<0.05$）；t^3 时的学校喜欢、学校回避、学习行为对 t^4 时的学校喜欢、学校回避、学习行为路径系数为 β =0.27、0.25、0.20（$p<0.05$）。

（3）母亲学历→户外互动→亲子关系满意度→入学准备→学校喜欢 t^2/学校回避 t^2/学习行为 t^2、学校喜欢 t^3/学校回避 t^3/学习行为 t^3、学校喜欢 t^4/学校回避 t^4/学习行为 t^4 或者是 $t^2 \rightarrow t^4$；$t^3 \rightarrow t^4$；$t^2 \rightarrow t^3 \rightarrow t^4$。其中，母亲学历对户外互动的预测系数为 $\beta = 0.22$（$p<0.05$）；户外互动对亲子关系满意度的预测系数为 0.21（$p<0.05$）；亲子关系满意度对入学准备的路径系数 $\beta =0.13$（$p<0.05$）；入学准备总体对 t^2 时家长评价的学校喜欢、学校回避、学习行为的路径系数分别为 $\beta =0.29$、-0.20 和 0.50（$p<0.05$），对 t^3 时家长评价的学校喜欢、学校回避、学习行为的路径系数分别为 $\beta =0.19$、-0.16 和 0.25（$p<0.05$），对 t^4 时家长评价的学校喜欢、学校回避、学习行为的路径系数分别为 $\beta =0.24$、-0.21 和 0.20（$p<0.05$），t^2 时的学校喜欢、学校回避、学习行为 t^3 和 t^4 时的学校喜欢、学校回避、学习行为路径系数分别为 $\beta =0.32$ 和 0.10、$\beta =0.31$ 和 0.11、$\beta =0.40$ 和 0.27（$p<0.05$）；t^3 时的学校喜欢、学校回避、学习行为对 t^4 时的学校喜欢、学校回避、学习行为路径系数为 $\beta =0.27$、0.25、0.20（$p<0.05$）。

（4）认知、户外互动→亲子关系满意度→入学准备→学校喜欢 t^2/学校回避 t^2/学习行为 t^2、学校喜欢 t^3/学校回避 t^3/学习行为 t^3、学校喜欢 t^4/学校回避 t^4/学习行为 t^4 或者是 $t^2 \rightarrow t^4$；$t^3 \rightarrow t^4$；$t^2 \rightarrow t^3 \rightarrow t^4$。认知互动和户外互动对亲子关系满意度的路径系数分别为 $\beta =0.15$ 和 0.21（$p<0.05$）；亲子关系满意度对入学准备的路径系数 $\beta =0.13$（$p<0.05$）；入学准备总体对 t^2 时家长评价的学校喜欢、学校回避、学习行为的路径系数分别为 $\beta =0.29$、-0.20 和 0.50（$p<0.05$），对 t^3 时家长评价的学校喜欢、学校回避、学习行为的路径系数分别为 $\beta =0.19$、-0.16 和 0.25（$p<0.05$），对 t^4 时家长评价的学校喜欢、学

校回避、学习行为的路径系数分别为 β =0.24、–0.21 和 0.20（$p<0.05$），t^2 时的学校喜欢、学校回避、学习行为 t^3 和 t^4 时的学校喜欢、学校回避、学习行为路径系数分别为 β =0.32 和 0.10、β =0.31 和 0.11、β =0.40 和 0.27（$p<0.05$）；t^3 时的学校喜欢、学校回避、学习行为对 t^4 时的学校喜欢、学校回避、学习行为路径系数为 β =0.27、0.25、0.20（$p<0.05$）。

（5）专制、放任教养方式→入学准备→学校喜欢 t^2/学校回避 t^2/学习行为 t^2、学校喜欢 t^3/学校回避 t^3/学习行为 t^3、学校喜欢 t^4/学校回避 t^4/学习行为 t^4 或者是 $t^2 \to t^4$；$t^3 \to t^4$；$t^2 \to t^3 \to t^4$。专制和放任教养方式对儿童入学准备的路径系数分别为 β =–0.14 和 –0.22（$p<0.05$）；入学准备对 t^2 时家长评价的学校喜欢、学校回避、学习行为的路径系数分别为 β =0.29、–0.20 和 0.50（$p<0.05$），对 t^3 时家长评价的学校喜欢、学校回避、学习行为的路径系数分别为 β =0.19、–0.16 和 0.25（$p<0.05$），对 t^4 时家长评价的学校喜欢、学校回避、学习行为的路径系数分别为 β =0.24、–0.21 和 0.20（$p<0.05$），t^2 时的学校喜欢、学校回避、学习行为 t^3 和 t^4 时的学校喜欢、学校回避、学习行为路径系数分别为 β =0.32 和 0.10、β =0.31 和 0.11、β =0.40 和 0.27（$p<0.05$）；t^3 时的学校喜欢、学校回避、学习行为对 t^4 时的学校喜欢、学校回避、学习行为路径系数为 β =0.27、0.25、0.20（$p<0.05$）。

（6）专制、放任教养方式→亲子关系满意度→入学准备→学校喜欢 t^2/学校回避 t^2/学习行为 t^2、学校喜欢 t^3/学校回避 t^3/学习行为 t^3、学校喜欢 t^4/学校回避 t^4/学习行为 t^4 或者是 $t^2 \to t^4$；$t^3 \to t^4$；$t^2 \to t^3 \to t^4$。专制和放任教养方式对亲子关系满意度的路径系数分别为 β =–0.18 和 –0.20（$p<0.05$）；亲子关系满意度对入学准备的路径系数 β =0.13（$p<0.05$）；入学准备对 t^2 时家长

评价的学校喜欢、学校回避、学习行为的路径系数分别为 β =0.29、–0.20 和 0.50（$p<0.05$），对 t^3 时家长评价的学校喜欢、学校回避、学习行为的路径系数分别为 β =0.19、–0.16 和 0.25（$p<0.05$），对 t^4 时家长评价的学校喜欢、学校回避、学习行为的路径系数分别为 β =0.24、–0.21 和 0.20（$p<0.05$），t^2 时的学校喜欢、学校回避、学习行为 t^3 和 t^4 时的学校喜欢、学校回避、学习行为路径系数分别为 β =0.32 和 0.10、β =0.31 和 0.11、β =0.40 和 0.27（$p<0.05$）；t^3 时的学校喜欢、学校回避、学习行为对 t^4 时的学校喜欢、学校回避、学习行为路径系数为 β =0.27、0.25、0.20（$p<0.05$）。

由此可见，① 父亲学历通过权威教养方式影响亲子关系满意度进而影响儿童的入学准备，儿童的入学准备对 t^2、t^3 和 t^4 时家长评价的学校喜欢、学校回避和学习行为具有显著的正向预测作用；儿童的入学准备可以通过 t^2 时的学校喜欢、学校回避和学习行为进而影响 t^3 和 t^4 时的学校喜欢、学校回避和学习行为；t^2 时的学校喜欢、学校回避和学习行为也可以直接影响 t^4 时的学校喜欢、学校回避和学习行为。② 母亲的学历通过亲子日常活动直接或者通过亲子关系满意度间接两条途径影响到儿童的入学准备，进而影响到后期家长评价的学校喜欢、学校回避和学习行为。③ 认知互动和户外互动可以通过亲子关系满意度间接影响儿童的入学准备。④ 专制和放任教养方式可以直接或者通过亲子关系满意度间接影响儿童的入学准备。其中，父母学历、父母教养方式、亲子日常活动、亲子关系满意度与儿童入学准备对 t^2、t^3 和 t^4 家长评价的学校喜欢 / 学校回避 / 学习行为的解释率依次为 8.00%、18.00% 和 21.00%；4.00%、14.00% 和 17.00%；24.00%、30.00% 和 32.00%。

（五）结果讨论

家庭环境在儿童入学准备的发展中居于重要地位。儿童发展的起点始于家庭，家庭也是儿童早期社会化的最主要的场所。父母是子女的第一任也是"任职"时间最长的教师，是子女的重要他人，对儿童各方面的发展起着不可替代的作用。父母学历状况直接决定家庭的经济地位和所采用的教育行为，进而会影响儿童的发展。本研究建立了家庭因素与入学准备对低年级小学生学校适应的作用模型，结果发现父母学历影响儿童发展的路径有差异，父亲的学历通过其所建立的权威教养方式影响儿童的入学准备状况，进而影响其后期的发展；母亲的学历则是通过与儿童日常的亲子活动影响到儿童的入学准备状况，进而影响到后期的学校适应。

这可能是因为在我国家庭中，承担了不同社会角色的父母在管教孩子方面也不同。对两性角色的定位是：男性扮演工具性的角色，负责家庭的经济来源；女性则扮演维持或表达性的角色，负责日常生活的运行、情感的维系和子女教养。母亲作为儿童的主要照看者，经常会参与到儿童的日常互动中，主要通过亲子日常互动来促进儿童的入学准备状况。父亲作为家庭经济来源的主要承担者，将会花更多的时间挣钱养家糊口，父亲在儿童发展的重要作用主要是形成一种稳定的教养风格，相对于母亲来说更少直接参与到儿童的日常活动中。相关研究也证实了，在许多文化中母亲是儿童主要的照看者和监督者，而父亲没有或很少给予儿童直接的照看（Hewlett，2003）。

另外，在激烈的当今社会，父亲担负起养育家庭的责任，无疑相比母亲来说，父亲在工作中的压力水平将会更高。相关研究发现，在工作中体验到更大压力水平的父亲与孩子互动较少（Repetti，1994）。父母工作状况这个外系统如何影响父母的教育行为进而影响儿童的发展值得进一步探讨。父母学历通过入学准备对低年级小学生学校适应路径的差异结果告诉我们，父母在儿童教育中均起着重要的作用，父母的教育行为和方式应该注意互补，孩子从父母双方身上分别吸取优点，将更有利于儿童积极健康地发展。父母应该意识到自身在家庭教育中的角色对幼儿成长的重要影响，重新审视自身的角色定位，采纳有利于儿童健康发展的适宜角色，为幼儿创造一个和谐健康的家庭环境与氛围。

（六）结论

（1）父亲学历通过权威教养方式影响亲子关系满意度进而影响儿童的入学准备，儿童的入学准备对其后期教师和家长评价的学校适应各指标具有显著的正向预测作用。

（2）母亲的学历通过亲子日常户外活动直接或者通过亲子关系满意度间接两条途径影响到儿童的入学准备，而影响后期教师和家长评价的学校适应各指标。

（3）认知互动和户外互动可以通过亲子关系满意度间接影响儿童的入学准备进而影响后期教师和家长评价的学校适应各指标。

（4）专制和放任教养方式可以直接或者通过亲子关系满意度间接影响儿童的入学准备状况，进而影响后期教师和家长评价的学校适应各指标。

第十二章　综合讨论与建议对策

　　本论文以生态系统理论为理论基础，采用以变量为中心和以个体为中心相结合的分析思路，考察了儿童入学准备的特点及其影响因素，并通过追踪设计探讨了儿童入学准备对低年级小学生教师和家长评价的学校适应相关指标的影响。

　　本研究采用以变量为中心的分析思路考察了儿童入学准备的特点，以个体为中心的分析思路探讨了儿童入学准备的亚类别；采用以变量、个体为中心的分析思路考察了儿童入学准备五个领域及其不同入学准备类型儿童家庭和幼儿园影响因素。通过追踪数据进一步考察了儿童入学准备对低年级小学生教师和家长评价的学校适应各指标的预测作用，并采用结构方程模型探讨了家庭因素和儿童入学准备对入学后学校适应的交互影响模型。下面就主要的研究结果进行讨论：

（一）儿童入学准备状况不容乐观，且存在不均衡性

　　"入学准备"是指学龄前儿童为了能够从即将开始的正规学校教育中受

益所需要具备的各种关键特征或基础条件（Gredler，2000）。本研究基于变量中心角度，以入学准备五个领域和入学准备总分建立参照性评价标准，结果发现：入学准备准备总体薄弱的占15.80%，认知和一般知识领域准备薄弱的占20.00%，言语发展领域准备薄弱的占13.90%，学习方式领域准备薄弱的占19.70%，情绪和社会性领域薄弱的占17.70%，身体健康和动作技能领域准备薄弱的占20.30%。基于个体为中心的角度，采用两步聚类分析结果发现，入学准备良好型的比例为59.68%。无论是基于变量中心或是个体中心的结果均一致地发现，我国儿童的入学准备状况不容乐观。

同样地，基于变量中心和个体中心的视角也一致地发现，我国儿童的入学准备状况存在不均衡性，表现为言语发展准备较好，而在身体健康和动作技能、情绪和社会性、学习方式以及认知和一般知识领域等方面均存在不同程度的准备不足。

由上述结果可见，当前我国的学前教育质量有待进一步加强，学前教育中忽略儿童全面发展的错误观念和教育行为亟待改进。刘利丹（2007）在"家长关于早期教育相关问题观念的调查研究"发现，家长对某些教育内容的认识仍存在不足之处。例如，将"孩子各方面平衡发展"排在第一位的家长仅占18.36%，在所有的题项中，排在倒数第四位。黄人项（1996）对幼儿家长的教育价值观做了调查研究，其结果显示幼儿家长最重视子女能具有的五项素质是健康、努力向上、诚实、聪明及有好奇心，其中健康是家长的首要期望，而对于"有愉快的情绪""对人富于感情""能自我控制""能保护自己""与其他孩子相处很好"在家长的教育观念中还较薄弱。同时，当前幼儿园教育中也存在偏重知识教学、忽视儿童全面素质发展培养等的现象，如过分重视读、写、算，而忽视实践能力的培养等。

（二）家庭、幼儿园因素在儿童入学准备的重要性

首先，家庭是儿童成长的主要环境，在儿童入学准备的发展中居于重要地位。本论文考察了家庭因素对儿童入学准备的影响，在控制了儿童的年龄和性别两个变量后，结果发现父母的学历、家庭收入、父母教养方式以及亲子互动能够预测儿童的入学准备状况。

家庭收入和父母受教育水平是衡量一个家庭社会经济地位的重要指标，家庭经济地位直接关系到一个家庭能否为儿童的身体发育、心理发展和社会适应提供必要的物质基础和良好的教育资源。家庭投资模型认为家庭收入对儿童青少年发展的影响取决于父母如何分配包括金钱、时间、精力和支持等一系列资源（Becker，1991；Foster，2002；Haveman & Wolfe，1994；Mayer，1997）。父母花费在孩子身上的金钱（比如，购买书籍、玩具，或高品质的儿童照护），花费在孩子身上共同活动的时间（比如，一起参观博物馆或者在家里做一个科学小实验）都被看作是投资，这些投资能够促进儿童的发展。高经济地位家庭会拥有更多的经济、社会及人力资源。拥有较多经济资源的家庭能够为儿童的发展提供更多的投资，进而促进其入学准备状况（G.J. Duncan & Magnuson，2003）。低家庭经济地位的儿童通常接受的教育资源有限，面临着更高的压力水平，这些都会降低他们的入学准备状况。家庭压力模型认为家庭经济地位是通过家庭关系和互动这一中介影响儿童的发展，即经济的压力通过对父母的影响而间接影响儿童的发展，教养方式和养育行为是重要的中介变量。此外，家庭经济地位与父母教养观念也有密切的关系。赵科

和张海清（2010）研究也证实了大学及以上学历的父母比文化程度为小学及以下的父母更主张民主而不主张惩罚教养观念。

父母教养方式对儿童入学准备的多个领域均有明显的预测作用，主要表现为权威教养方式可以显著正向预测儿童入学准备整体、学习方式领域、言语发展领域、认知和一般知识领域；专制教养方式可以显著负向预测儿童入学准备总体、情绪和社会性领域、学习方式领域；放任教养方式可以显著负向预测入学准备总体及其四个领域（除身体健康和动作技能领域）。不同入学准备类型父母教养方式的差异检验再一次证明了，入学准备良好型儿童父母权威教养方式得分高于其他三种入学准备类型儿童，而专制和放任教养方式明显低于其他三种入学准备类型儿童。

父母教养方式是父母在教育儿童过程中表现出来的对待儿童的行为方式，也是父母教育观念、父母行为风格的直接体现。本研究结果发现，权威教养方式可以有助于儿童的入学准备，而专制教养方式和放任教养方式都对儿童的入学准备产生负面效应。许多研究表明，采取权威教养方式的父母具有温暖、说理、民主、随和的特点，这种教养方式的父母尊重孩子，在管教孩子的同时，会通过言语或者肢体语言给孩子适当的关注和引导，而这些引导可以促进儿童入学准备的发展（Johnson，et al.，2006；Lamb & Baumrind，1978）。专制型教养方式的父母往往要求孩子绝对遵循父母所制订的一套规则，对孩子很少表现温情的一面。这种方式培养出来的儿童缺乏独立思考、处理问题的训练不够，缺乏自信，又未从父母那儿得到足够温情，使他不懂得如何恰当表达自己的情绪、想法。放任型教养方式的父母则采用一种对儿童不理不问，忽视的态度，对孩子的行为与学习不感兴趣，也不关心，很少去管孩子。持这种教养方式的父母没有给予儿童必要的行为准则和强化，对孩子冲动的行为缺乏约束，致使儿童缺乏自我控制能力。同时，由于缺乏父母的关心和教育，儿童在家庭很少表达自己的情绪和情感，很少与父母进行互动，进而影响其情绪和社会性等的发展。

亲子活动对儿童入学准备具有积极作用。特别是户外互动可以显著正向预测入学准备总体及其身体健康和动作技能领域。儿童在与父母的户外互动过程中，可以锻炼身体，促进其爬、跳等动作技能的发展等。亲子日常活动也可以促进亲子间的情感交流，而且在亲子间的言语交流过程中会促进儿童词汇量的扩大、读写技能的提高和言语能力的发展。

其次，幼儿园是儿童接触社会、适应生活的第一个重要场所，是儿童迈出家庭以后进入正式学校教育以前的一个重要集体组织，本研究发现儿童的在幼儿园年限、幼儿园类型和幼儿园大班班额主要会影响到儿童的言语发展及认知和一般知识领域的准备状况。教师和同学是儿童幼儿园重要的他人，在幼儿园年限较多的儿童可以更多地受到更多教师的引导，能够更多地与同伴进行交流，因而会接受更多言语刺激，进而促进其言语领域的发展。城市幼儿园各种软硬件条件可能好于村镇幼儿园，能够为儿童的认知和一般知识的发展提供更富的刺激。对 20 人及以上班额儿童的认知和一般知识领域发展好于 10 人班额的儿童可能的原因是幼儿园大班时的班额大，儿童可以接触更多的同伴，同伴之间的互相学习可以促进儿童认知和一般知识水平。因此，良好的学前教育经验是儿童做好入学准备的必要条件。学前教育环境应该满足儿童五个方面的发展需求，即满足儿童在身体健康与动作技能方面、情绪与社会性方面、学习态度方面、言语发展方面、认知发展方面的发展的需要。

此外，从本研究的结果还发现，家庭环境和幼儿园因素对儿童入学准备的影响有不同的特点。家庭中的父母学历、家庭收入、父母教养方式和亲子互动等因素影响儿童入学准备的整体、学习方式领域和言语发展、认知和一般知识、情绪和社会性等领域，而幼儿园相关因素主要影响儿童的言语发展及认知和一般知识领域的准备状况。这表明，在学前教育过程中，家庭教育与幼儿园教育是互相补充、不可替代的。加强家园协同教育对于有效促进儿童全面发展，具有重要的意义。

（三）以变量为中心和以个体为中心的分析方法在入学准备研究中的运用

以变量为中心的分析方法关注的是变量之间的关系，这类分析方法获得的结果主要来自对变量之间关系的考察，前提是将研究对象假定来自一个同质性的总体，获得的结论是一般性的规律和解释（Muthen & Muthen，2000）。以个体为中心的分析方法主要关注个体之间的关系，这类分析方法的前提是假定研究对象来自不同质的一些群体，研究问题或研究变量之间的关系在各类亚群体之间可能存在差异，因而有助于获得有针对性的结论，并对揭示变量之间的关系模式更具有生态效度和解释力度（Laursen & Hoff，2006；Magnusson & Bergman，1990）。本研究同时采用以变量为中心和以个体为中心的分析方法分别考察了儿童入学准备的特点、影响因素及其对后期学校适应的影响。结果发现，一方面，以变量为中心与以个体为中心的分析结果具有一致性，如儿童入学准备不足的比例均较高，需要引起足够的重视。另一方面，以变量为中心与以个体为中心的结果存在一些差异，例如在幼儿园年限、幼儿园类型会影响到儿童的言语发展领域的准备状况，而儿童的入学准备类型在不同幼儿园类型和在幼儿园年限上的分布不存在显著的差异。另外，以个体为中心的分析方法也考察了不同入学准备类型儿童学校适应各指标的发展变化差异问题。以个体为中心的分析思路可以反映各类变量综合分析的结果，从而了解具体入学准备类型儿童的特点，而以变量为中心的分析结果可以深入分析具体领域的作用，了解某领域的不足可能产生的后果，如身体健康和动作技能不足的儿童在入学后的任务取向能力上可能会存在不足等。显然，这两种分析方法的角度是不同的，看待问题的思路也是有差异的。在具体研究中的，采取哪种分析方法，取决于我们的研究目的。两种方法同时使用，可以帮助我们能够多角度、更全面地理解儿童的发展和有关影响因素的作用。

（四）对于促进我国儿童入学准备的启示

入学准备研究的意义在于了解当前儿童入学准备的状况及存在的问题，并且通过改进教育实践促进儿童入学准备水平的提高。本研究基于变量中心和个体中心两个视角考察了儿童入学准备的影响因素，并建立了家庭因素、幼儿园因素和入学准备对后期学校适应的作用机制，得到了一些有价值的研究结果，这些结果对于我国儿童入学准备的促进和提升有一定的启示。

1. 关注社会经济地位不利儿童的入学准备

本研究基于变量中心和个体中心视角一致地发现父母的受教育水平、家庭收入对儿童的入学准备状况有着重要的影响，低学历和低收入家庭儿童入学准备综合不足型的比例显著高于高学历和高收入家庭儿童；并且父母学历会通过入学准备状况进而影响后期儿童的学校适应；同样地，儿童的家庭经济地位会影响到其所接受的学前教育经历和教育质量。因此，关注社会经济地位不利儿童的入学准备，改善他们的入学准备状况，帮助他们走上"最优发展"的道路，有利于降低他们的发展风险，减少由于贫困现象代际传递的消极影响。发达国家在提高社会经济地位不利儿童入学准备水平方面取得了很多成功经验，例如，美国的起点计划（Head Start Program）、卡罗莱纳州的聪明起点项目（Smart Start program），密歇根州的早期教育项目（pre-kindergarten program）和乔治亚州的彩票基金入学准备项目（lottery-fundedschool readiness program）等，均致力于缩小处境不利儿童在入学之初与其他儿童的差距。我国目前关于社会经济地位不利儿童入学准备的促进项目还很不充分，既缺少大规模的国家性干预措施，也缺少普及的社区干预服务。因此，需要在这方面借鉴国外的成功经验，但是在借鉴国外项目的同时，需要结合中国的实际情况发展具有中国特色的社会经济地位不利儿童的入学准备促进项目。

2. 积极引导父母形成权威民主的教养方式，改变专制、放任的教养方式

基于变量中心的研究结果发现，在控制了儿童年龄和性别两个变量后，权威教养方式可以显著正向预测儿童入学准备整体、学习方式领域、言语发展领域、认知和一般知识领域；专制教养方式可以显著负向预测儿童入学准备总体、情绪和社会性领域、学习方式领域；放任教养方式可以显著正向预测入学准备总体、情绪和社会性领域、学习方式领域、言语发展领域、认知

和一般知识领域。基于个体中心的研究结果发现入学准备良好型儿童权威教养方式高于其他三种类型儿童，而专制和放任教养方式低于其他三种类型儿童。教养方式作为父母对子女抚养教育过程中所表现出来的相对稳定的行为方式，是影响儿童入学准备的重要因素。为了促进儿童的入学准备状况，一方面可以组织发展心理学专业人员、教育工作者或相应的工作人员定期为家长提供儿童发展教育的服务咨询和指导，完善家庭环境和教育；另一方面父母也应该经常自我反省与自我改进，促使自己形成权威民主的教养方式。

3. 鼓励父母丰富日常亲子实践活动

基于变量中心和个体中心研究结果一致地发现，亲子日常活动对儿童的入学准备起着重要的作用，如户外互动可以显著正向预测儿童身体健康和动作技能领域的准备状况；入学准备良好型儿童的亲子日常认知互动、社会性互动和户外互动都显著高于其他几种入学准备类型、情绪/社会性和学习方式准备不足型儿童的户外互动显著高于入学准备综合不足型儿童。因此，鼓励父母与儿童经常互动，如亲子共读、鼓励交谈、户外活动、共同解决问题等这些都会影响儿童的入学准备。亲子共读可以有效地促进儿童的语言技能，口头表达，此外也提供了儿童发展基本社会技能的机会，如谈话中的话轮转换、自我表达、自我调节能力等（Farver, et al., 2006；Brooks & Griffin, 2006；Britto, 2001；de Jong & Leseman, 2001）。在美国密苏里州一项名为"让家长成为教师"（PAT）的干预项目中，通过增强富于反应性的亲子互动、亲子共读活动及家庭文化活动，提高家长对儿童的支持，结果发现，参加项目的家长陪孩子读书的频率显著增加，儿童在入学准备测验中的得分也显著提高。

以上启示主要针对家庭教育所采取的干预措施，除此之外，改善儿童入学准备状态的另一个重要途径在于普及学前教育和提高学前教育的质量。一些国家正在为此而努力，如 1994 年美国国会通过了《2000 年目标：1994 教育美国法案》(*Goals 2000. Educate America Act of 1994*)。该法案的一项重要目标是"到 2000 年，所有达到入学年龄的儿童都已做好学习的准备。"该条目规定"所有儿童都有机会接受高质量的、适合儿童发展的学前教育项目，从而做好入学准备。" 且美国很多州已经开展了有关向低收入家庭和高风险儿童提供免费的学前教育机会，以期减少他们在入学准备状态上的差距，事实证明这些干预措施的实施确实取得了良好的效果，在一定程度上缩小了儿童入学准备上的差距，对促进个体终身发展和教育公平起着积极的作用。学前教育是学校教育和终身教育的起始阶段。然而，目前我国相对于其他国家以及国内的初、高等教育，学前教育的投入明显不足（详见 2007 年经合组织有关国家各结算教育公共支出占 GDP 的比例比较）。促进儿童的入学准备除了发挥家长和幼儿园的力量外，也要分发挥小学所承担的入学准备责任，小学可以在开学前的一定时间内把即将入学的儿童集中组织起来为儿童提供一个过渡阶段和进行一系列的活动。学校在儿童入学后，针对那些准备不足的儿童给予特殊性的补救和关注，学校尤其不能以儿童入学准备不足为理由拒绝接受儿童入学，更多的是应该努力使儿童入学后得到相应的发展补救，尽量缩小学生之间的发展差距。另外，鉴于国外对教育类电视节目效果研究表明其有利于儿童的早期发展，不失为一个可行的达到儿童教育目标的简单途径，因而可以尝试着设计和开发这样的教育性节目来促进儿童的早期发展和入学准备。因此，开展儿童入学准备的研究和干预，加大早期教育的投入，小到对于提高儿童后期发展，大到提高人口质量、增强国家未来竞争力都具有重要的意义。

（五）研究局限与未来展望

本研究基于变量中心和个体中心的视角考察了儿童入学准备的特点、家庭环境和幼儿园影响因素，以及采用追踪数据考察了入学准备对儿童学校适应的影响，并建立了家庭因素、幼儿园因素与入学准备对学校适应的作用模型，虽然取得了一些有意义的结果，但也存在一些不足，主要表现在：① 本研究依据入学准备五个领域的表现对儿童进行了四种分类，其中认知/一般知识和言语发展准备不足型、入学准备综合不足型两类儿童的人数分别为32人、39人，由于人数的限制不适合建立不同入学准备类型儿童家庭因素对学校适应的作用模型，因此在以后的研究中可以增加被试量，进而比较不同入学准备类型儿童家庭因素对学校适应的作用机制的差异。② 本研究通过追踪数据考察了儿童入学准备对学校适应发展速度的影响，其中对学校适应的追踪次数为3次，不能精确地建立学校适应的非线性变化趋势，因此以后的研究中可以增加儿童学校适应的测查次数，精确细致描述儿童入学准备对学校适应发展速度的影响。③ 本研究的被试主要来自北京某郊区，在被试的选择上本着尽量增加研究对象广度的原则，选择了郊区中的城市和农村学校中的儿童。即便如此，本研究的结果仍然会受到郊区环境的限制，研究结果的推广性有待进一步的研究验证。④ 已有的研究探讨了儿童入学准备对学习成绩的影响，但研究结果主要来自于国外，由于不同国家的文化差异，仍然需要本土化的研究。本研究的初衷想进一步考察我国儿童入学准备对学习成绩的影响，但是由于儿童的学习成绩采用教师报告的评价方式，不同儿童成绩的区分度不足，故没有考察儿童入学准备对其后期学习成绩的影响，以后的研究中可以采用标准化测验等的学业评价方式考察入学准备对儿童学习成绩的影响。

参考文献

Achilles, C. M. (1996). Students Achieve More in Smaller Classes. Educational Leadership, 53 (5), 76-77.

Agostin, T. M. K., & Bain, S. K. (1997). Predicting early school success with developmental and social skills screeners. Psychology in the Schools, 34 (3), 219-228.

Aunola, K., Leskinen, E., & Nurmi, J. E. (2006). Developmental dynamics between mathematical performance, task motivation, and teachers' goals during the transition to primary school. British journal of educational psychology, 76 (1), 21-40.

Badenes, L. V., Clemente Estevan, R. A., & Garc í a Bacete, F. J. (2000). Theory of mind and peer rejection at school. Social Development, 9 (3), 271-283.

Barnett, D. K., & Bavister, B. D. （1996）. What is the relationship between the metabolism of preimplantation embryos and their developmental competence？ Molecular reproduction and development, 43（1）, 105–133.

Baumrind, D. （1971）. Current patterns of parental authority. Developmental Psychology, 4（1p2）, 1.

Belsky, J., Vandell, D. L., Burchinal, M., Clarke‐Stewart, K. A., McCartney, K., & Owen, M. T. （2007）. Are There Long‐Term Effects of Early Child Care？ Child Development, 78（2）, 681–701.

Bergen, D., & Coscia, J. （2001）. Brain Research and Childhood Education：Implications for Educators： Association for Childhood Education International, 17904 Georgia Avenue, Suite 215, Olney, MD 20832（\$22）. Tel： 800–423–3563（Toll Free）; Tel： 301–570–2111; Fax： 301–570–2212; e-mail： aceihq@ aol. com; Web site： http： //www. acei. org.

Bergman, L. R., Magnusson, D., & El–Khouri, B. （2003）. Studying individual development in an interindividual context： A person–oriented approach （Vol. 4）： Lawrence Erlbaum.

Bickel, D. D. P., Zigmond, N., & Strayhorn, J. （1991）. Chronological age at entrance to first grade： Effects on elementary school success. Early Childhood Research Quarterly, 6（2）, 105–117.

Bierman, K. L., Torres, M. M., Domitrovich, C. E., Welsh, J. A., & Gest, S. D. （2009）. Behavioral and Cognitive Readiness for School： Cross‐domain Associations for Children Attending Head Start. Social Development, 18（2）,

305–323.

Bishop, S. J., & Rothbaum, F. (1992). Parents' acceptance of control needs and preschoolers' social behaviour: A longitudinal study. Canadian Journal of Behavioural Science/Revue canadienne des Sciences du comportement, 24(2), 171.

Bracken, B. A. (1998). Bracken Basic Concept Scale–Revised. San Antonio, TX: The Psychological Corporation.

Bracken, B. A. (2002). Bracken School Readiness Assessment. San Antonio, TX: The Psychological Corporation.

Bradley, R. H., & Corwyn, R. F. (2002). Socioeconomic status and child development. Annual review of psychology, 53 (1), 371–399.

Brigance. (1992). Brigance Kindergarten and Grade 1 Screen (3rd ed.). North Billerica, MA: Curriculum Associates.

Britto, P. R., Brooks–Gunn, J., & Griffin, T. M. (2006). Maternal reading and teaching patterns: Associations with school readiness in low–income African American families. Reading Research Quarterly, 41 (1), 68–89.

Brooks–Gunn, J., Klebanov, P. K., Smith, J., Duncan, G. J., & Lee, K. (2003). The Black–White test score gap in young children: Contributions of test and family characteristics. Applied Developmental Science, 7 (4), 239–252.

Chen, X., Dong, Q., & Zhou, H. (1997). Authoritative and authoritarian parenting practices and social and school performance in Chinese children. International Journal of Behavioral Development, 21 (4), 855–873.

Chen, X., Liu, M., & Li, D. （2000）. Parental warmth, control, and indulgence and their relations to adjustment in Chinese children: A longitudinal study. Journal of Family Psychology; Journal of Family Psychology, 14（3）, 401.

Chew. （1981）. The Lollipop Test: A Diagnostic Screening Test of School Readiness. Atlanta: Humanics Limited.

Clark, K. E., & Ladd, G. W. （2000）. Connectedness and autonomy support in parent‐child relationships: Links to children's socioemotional orientation and peer relationships. Developmental Psychology, 36（4）, 485.

Clarke-Stewart, A., & Allhusen, V. D. （2005）. What we know about childcare: Harvard Univ Pr.

Clements, M. A. （2001）. How the Michigan School Readiness Program affects school success from kindergarten through third grade. ETD Collection for Wayne State University, AAI3037061.

Corcoran, M., & Adams, T. （1997）. Race, sex, and the intergenerational transmission of poverty. Consequences of growing up poor, 461–517.

Costeff, H., & Kulikowski, Z. （1996）. The Developmental Profile of Disadvantaged 6 Year Old Children. British Journal of Developmental Disabilities, 42, 45–53.

Cotton, K., & Conklin, N. F. （2001）. Research on early childhood education. National Regional Educational Laboratory.

Crnic, K., & Lamberty, G. （1994）. Reconsidering school readiness:

Conceptual and applied perspectives. Early Education and Development.

Crockenberg, S. C. (2003). Rescuing the baby from the bathwater: How gender and temperament (may) influence how child care affects child development. Child Development, 74 (4), 1034–1038.

Culp, A. M. D., Hubbs–Tait, L., Culp, R. E., & Starost, H. J. (2000). Maternal parenting characteristics and school involvement: Predictors of kindergarten cognitive competence among Head Start children. Journal of Research in Childhood Education, 15 (1), 5–17.

De Jong, P. F., & Leseman, P. P. M. (2001). Lasting effects of home literacy on reading achievement in school. Journal of School Psychology, 39 (5), 389–414.

DeCos, P. L., & Bureau, C. S. L. C. R. (1997). Readiness for Kindergarten: What Does It Mean?: California State Library, California Research Bureau.

Demarest, Reisner, Anderson, Humphrey, Farquhar, & Stein. (1993). Review of research on achieving the nation's readiness goal. Washington, DC: US Department of Education.

Denham, S. A. (1986). Social cognition, prosocial behavior, and emotion in preschoolers: Contextual validation. Child Development, 194–201.

Dewey, D., Kaplan, B. J., Crawford, S. G., & Wilson, B. N. (2002). Developmental coordination disorder: associated problems in attention, learning, and psychosocial adjustment. Human movement science, 21 (5–6), 905–918.

Dornfeld, M., & Kruttschnitt, C.（1992）. DO THE STEREOTYPES FIT ? MAPPING GENDER - SPECIFIC OUTCOMES AND RISK FACTORS*. Criminology, 30（3）, 397–420.

Duncan, G. J., Dowsett, C. J., Claessens, A., Magnuson, K., Huston, A. C., Klebanov, P., et al.（2007）. School readiness and later achievement. Developmental psychology, 43, 1428–1446.

Duncan, G. J., & Magnuson, K. A.（2003）. Off with Hollingshead: Socioeconomic resources, parenting, and child development. Socioeconomic status, parenting, and child development, 83–106.

Duncan, G. J., & Magnuson, K. A.（2005）. Can family socioeconomic resources account for racial and ethnic test score gaps ? The Future of Children, 15（1）, 35–54.

Elicker, J., & Fortner–Wood, C.（1995）. Adult–Child Relationships in Early Childhood Programs. Research in Review. Young Children, 51（1）, 69–78.

Entwisle, D. R., Alexander, K. L., & Olson, L. S.（2005）. First Grade and Educational Attainment by Age 22: A New Story1. American Journal of Sociology, 110（5）, 1458–1502.

Estrada, P., Arsenio, W. F., Hess, R. D., & Holloway, S. D.（1987）. Affective quality of the mother – child relationship: Longitudinal consequences for children's school–relevant cognitive functioning. Developmental Psychology, 23（2）, 210.

Ewing, A. R., & Taylor, A. R.（2009）. The role of child gender and ethnicity

in teacher–child relationship quality and children's behavioral adjustment in preschool. Early Childhood Research Quarterly, 24（1）, 92–105.

Fagot, B. I., & Gauvain, M.（1997）. Mother – child problem solving: Continuity through the early childhood years. Developmental Psychology,33（3）, 480.

Farver, J., Xu, Y., Eppe, S., & Lonigan, C.（2006）. Home environments and young Latino children's school readiness. Early Childhood Research Quarterly, 21, 196–212.

Fearon, R., & Belsky, J.（2004）. Attachment and Attention: Protection in Relation to Gender and Cumulative Social - Contextual Adversity. Child Development, 75（6）, 1677–1693.

Field, T.（1991）. Quality infant day - care and grade school behavior and performance. Child Development, 62（4）, 863–870.

Forget–Dubois, N., Lemelin, J. P., Boivin, M., Dionne, G., Séguin, J. R., Vitaro, F., et al.（2007）. Predicting early school achievement with the EDI: A longitudinal population–based study. Early Education and Development, 18（3）, 405–426.

Foster, W. A., & Miller, M.（2007）. Development of the literacy achievement gap: A longitudinal study of kindergarten through third grade. Language, Speech, and Hearing Services in Schools, 38（3）, 173.

Gaines, R., & Missiuna, C.（2007）. Early identification: are speech/ language - impaired toddlers at increased risk for Developmental Coordination

Disorder？Child：Care，Health and Development，33（3），325–332.

Gardner, M., & Steinberg, L. （2005）. Peer influence on risk taking, risk preference, and risky decision making in adolescence and adulthood： An experimental study. Developmental Psychology, 41（4），625–635.

Gilliam, W. S., & Zigler, E. F. （2006）. A Critical Meta-analysis of All Evaluations of State- Funded Preschool from 1977 to 1998 ： Implications for Policy , Service Delivery and Program Evaluation. Program, 473, 441– 473.

Goossens, F. A., & Ijzendoorn, M. H. （1990）. Quality of infants' attachments to professional caregivers： Relation to infant - parent attachment and day - care characteristics. Child Development, 61（3），832–837.

Graue, M. E. （1993）. Ready for what？： Constructing meanings of readiness for kindergarten： State Univ of New York Pr.

Gray, W. S. （1925）. Summary of investigations relating to reading.

Gredler, G. R. （1992）. School readiness： Assessment and educational issues： Clinical Psychology Publishing Co.

Gredler, G. R. （2000）. Early childhood education—assessment and intervention： What the future holds. Psychology in the Schools, 37（1），73–79.

Gullo, D. F., & Burton, C. B. （1992）. Age of entry, preschool experience, and sex as antecedents of academic readiness in kindergarten. Early Childhood Research Quarterly, 7（2），175–186.

Gullo, D. F., & Burton, C. B. （1993）. The effects of social class, class size and prekindergarten experience on early school adjustment. Early Child Development and Care，88（1），43–51.

Hack，M.，Flannery，D. J.，Schluchter，M.，Cartar，L.，Borawski，E.，& Klein，N.（2002）. Outcomes in young adulthood for very–low–birth–weight infants. New England Journal of Medicine，346（3），149–157.

Hair，E.，Halle，T.，Terryhumen，E.，Lavelle，B.，& Calkins，J.（2006）. Children's school readiness in the ECLS–K：Predictions to academic，health，and social outcomes in first grade ☆. Early Childhood Research Quarterly，21，431–454.

Hanson，T. L.，McLanahan，S. S.，& Thomson，E.（1995）. Economic resources，parental practices，and child well–being：Office of Population Research，Princeton University.

Hess，R. D.，Holloway，S. D.，Dickson，W. P.，& Price，G. G.（1984）. Maternal variables as predictors of children's school readiness and later achievement in vocabulary and mathematics in sixth grade. Child Development，1902–1912.

Hill，N. E.（2001）. Parenting and academic socialization as they relate to school readiness：The roles of ethnicity and family income.，Journal of Educational Psychology（Vol. 93，pp. 686–697）.

Hinshaw，S. P.（1992）. Academic underachievement，attention deficits，and aggression：Comorbidity and implications for intervention. Journal of Consulting and Clinical Psychology，60（6），893.

Howes，C.（1988）. Relations between early child care and schooling.

Developmental Psychology, 24（1）, 53.

Howes, C., & Hamilton, C. E.（1992）. Children's relationships with child care teachers： Stability and concordance with parental attachments. Child Development, 63（4）, 867–878.

Hubbs - Tait, L., Culp, A. M. D., Culp, R. E., & Miller, C. E.（2002）. Relation of maternal cognitive stimulation, emotional support, and intrusive behavior during Head Start to children's kindergarten cognitive abilities. Child Development, 73（1）, 110–131.

Huffman, Mehlinger, & Kerivan.（2000）. Risk factors for academic and behavioral problems at the beginning of school. Stanford University.

Ilg, F., & Ames, L.（1972）. School readiness： Behavior test used at the Gesell Institute. New York： Harper & Row.

Janus, M., & Offord, D. R.（2007）. Development and psychometric properties of the Early Development Instrument（EDI）： A measure of children's school readiness. Canadian Journal of Behavioural Science/Revue canadienne des Sciences du comportement, 39（1）, 1.

Jaramillo, A., & Tietjen, K.（2001）. Early Childhood Development in Africa： Can We Do More Form Less？： a Look at the Impact and Implications of Preschools in Cape Verde and Guinea： World Bank, Africa Region.

Jencks, C., & Phillips, M.（1998）. The Black–White test score gap： Brookings Inst Pr.

Jodl, K. M., Michael, A., Malanchuk, O., Eccles, J. S., & Sameroff, A.

(2001) . Parents' roles in shaping early adolescents' occupational aspirations. Child Development, 72 (4) , 1247–1266.

Johnson, J. G., Cohen, P., Chen, H., Kasen, S., & Brook, J. S. (2006) . Parenting behaviors associated with risk for offspring personality disorder during adulthood. Archives of general psychiatry, 63 (5) , 579.

Kagan, S. L. (1990) . Readiness 2000: Rethinking rhetoric and responsibility. The Phi Delta Kappan, 72 (4) , 272–279.

Kern, M. L., & Friedman, H. S. (2008) . Early educational milestones as predictors of lifelong academic achievement, midlife adjustment, and longevity. Journal of applied developmental psychology, 30, 419–430.

Kinlaw, C. R., Kurtz-Costes, B., & Goldman-Fraser, J. (2001) . Mothers' achievement beliefs and behaviors and their children's school readiness: A cultural comparison. Journal of Applied Developmental Psychology, 22 (5) , 493–506.

Koenker, R. H. (1948) . Arithmetic readiness at the kindergarten level. The Journal of Educational Research, 42 (3) , 218–223.

Konold, T., & Pianta, R. (2005) . Empirically-Derived, Person-Oriented Patterns of School Readiness in Typically-Developing Children: Description and Prediction to First-Grade Achievement. Applied Developmental Science, 9 (4) , 174–187.

Kurdek, & Sinclair. (2000) . Psychological, family, and peer predictors of academic outcomes in first-through fifth-grade children. Journal of Educational

Psychology，92（3），449.

Kurdek，L. A.，& Sinclair，R. J.（2001）. Predicting reading and mathematics achievement in fourth-grade children from kindergarten readiness scores. Journal of Educational Psychology，93（3），451.

la Paro，K. M.，Pianta，R.，& Cox，M.（2000）. Kindergarten Teachers' Reported Use of Kindergarten to First Grade Transition Practices. The Elementary School Journal，101，63.

Ladd.（1997）. Classroom Peer Acceptance，Friendship，and Victimization：Distinct Relational Systems That Contribute Uniquely to Children's School Adjustment？Child Development，68，1181.

Ladd，G. W.，Birch，S. H.，& Buhs，E. S.（1999）. Children's social and scholastic lives in kindergarten：Related spheres of influence？Child Development，70（6），1373-1400.

Lamb，M.，& Baumrind，D.（1978）. Socialization and personality development in the preschool years. Social and personality development，108-132.

Laursen，B.，& Hoff，E.（2006）. Person-Centered and Variable-Centered Approaches to Longitudinal Data. Merrill-Palmer Quarterly：Journal of Developmental Psychology.

Lee，V. E.，& Burkam，D. T.（2002）. Inequality at the starting gate：Washington，DC：Economic Policy Institute.

Lloyd.（2006）. Province-wide EDI findings：Aboriginal children. Vancouver，BC：Human Early Learning Partnership，special tabulation.

Lloyd, & Hertzman. (2009). From Kindergarten readiness to fourth-grade assessment: Longitudinal analysis with linked population data. Social Science & Medicine, 68 (1), 111-123.

Loeb, S., Bridges, M., Bassok, D., Fuller, B., & Rumberger, R. W. (2007). How much is too much? The influence of preschool centers on children's social and cognitive development. Economics of Education Review, 26 (1), 52-66.

Lonigan, C. J., Burgess, S. R., & Anthony, J. L. (2000). Development of emergent literacy and early reading skills in preschool children: Evidence from a latent-variable longitudinal study. Developmental Psychology, 36 (5), 596.

Love, J. M., Harrison, L., Sagi - Schwartz, A., Van IJzendoorn, M. H., Ross, C., Ungerer, J. A., et al. (2003). Child care quality matters: How conclusions may vary with context. Child Development, 74 (4), 1021-1033.

Lyons-Ruth, K., & Jacobvitz, D. (2008). Attachment disorganization: Genetic factors, parenting contexts, and developmental transformation from infancy to adulthood.

Maccoby, E. E. (1992). The role of parents in the socialization of children: An historical overview. Developmental Psychology, 28 (6), 1006.

Magnusson, D., & Bergman, L. (1990). A pattern approach to the study of pathways from childhood to adulthood. Straight and devious pathways from childhood to adulthood, 101-115.

Mardell-Czudnowski, C., & Goldenberg, D. S. （1998）. DIAL-3: Developmental Indicators for the Assessment of Learning-Third Edition. Circle Pines, MN: American Guidance Service. .

Marks, A. K., & Coll, C. G. （2007）. Psychological and demographic correlates of early academic skill development among American Indian and Alaska Native youth: A growth modeling study. Developmental Psychology, 43（3）, 663.

Matas, L., Arend, R. A., & Sroufe, L. A. （1978）. Continuity of adaptation in the second year: The relationship between quality of attachment and later competence. Child Development, 547-556.

Mathur, S. （1999）. Social and academic school adjustment during early elementary school.

May, C. R., & Campbell, R. M. （1981）. Readiness for learning: assumptions and realities. Theory into Practice, 130-134.

McClelland, Morrison, & Holmes. （2000）. Children at risk for early academic problems: The role of learning-related social skills. Early Childhood Research Quarterly, 15（3）, 307-329.

Meisels, S. J. （1995）. Out of the Readiness Maze. Momentum, 26（2）, 18-22.

Meisels, S. J. （1999）. Assessing readiness. The transition to kindergarten, 39-66.

Meisels, S. J., Liaw, F., Dorfman, A., & Nelson, R. F. （1995）. The Work Sampling System: Reliability and validity of a performance assessment for

young children. Early Childhood Research Quarterly, 10（3）, 277–296.

MELVIN, V. B., Howsen, R. M., & MICHELLE, W. T. （2005）. An investigation of the effect of class size on student academic achievement. Education Economics, 13（1）, 73–83.

Mitchell, R. E., Billings, A. G., & Moos, R. H. （1982）. Social support and well–being: Implications for prevention programs. The Journal of Primary Prevention, 3（2）, 77–98.

Moss, E., Parent, S., Gosselin, C., Rousseau, D., & St–Laurent, D. （1996）. Attachment and teacher–reported behavior problems during the preschool and early school–age period. Development and Psychopathology, 8（03）, 511–525.

Muthen, B., & Muthen, L. K. （2000）. Integrating person - centered and variable - centered analyses: Growth mixture modeling with latent trajectory classes. Alcoholism: clinical and experimental research, 24（6）, 882–891.

NationalEducationGoalsPanel. （1997）. Getting a Good Start in School. Washington, DC: U.S.Government Printing Office. Online: www.negp.gov/reports/good–sta.htm. .

Nurss, J. R., & McGauvran, M. E. （1974）. Metropofitan Readiness Test （Level II, Form P）. New York: Harcourt Brace Jovanovich. .

Olson, S. L., Bates, J. E., & Kaskie, B. （1992）. Caregiver–infant interaction antecedents of children's school–age cognitive ability. Merrill–Palmer Quarterly: Journal of Developmental Psychology.

Pagani, L. S., Fitzpatrick, C., Archambault, I., & Janosz, M.（2010）. School Readiness and Later Achievement：A French Canadian Replication and Extension. Developmental Psychology, 46, 984 –994.

Pelletier, J., & Brent, J. M.（2002）. Parent participation in children' school readiness：The effects of parental self–efficacy, cultural diversity and teacher strategies. International Journal of Early Childhood, 34（1）, 45–60.

Pettit, G. S., Bates, J. E., & Dodge, K. A.（1997）. Supportive parenting, Ecological Context, and Children's Adjustment：A seven - Year Longitudianl Study. Child Development, 68（5）, 908–923.

Phelps, L.（1997）. Phelps kindergarten readiness scale：Manual. Buffalo, NY：Psychology Press.

Phillips, M., Crouse, J., & Ralph, J.（1998）. Does the black–white test score gap widen after children enter school？The Black–White test score gap, 229–272.

Pianta, R. C., & McCoy, S. J.（1997）. The first day of school：The predictive validity of early school screening. Journal of Applied Developmental Psychology, 18（1）, 1–22.

Pianta, R. C., Nimetz, S. L., & Bennett, E.（1997）. Mother–child relationships, teacher–child relationships, and school outcomes in preschool and kindergarten. Early Childhood Research Quarterly, 12（3）, 263–280.

Pianta, R. C., Smith, N., & Reeve, R. E.（1991）. Observing mother and child behavior in a problem–solving situation at school entry：Relations with

classroom adjustment. School Psychology Quarterly, 6（1）, 1.

Piek, J. P., Dworcan, M., Barrett, N. C., & Coleman, R. （2000）. Determinants of self-worth in children with and without developmental coordination disorder. International Journal of Disability, Development and Education, 47（3）, 259-272.

Powell, L. F. （1974）. The effect of extra stimulation and maternal involvement on the development of low-birth-weight infants and on maternal behavior. Child Development, 106-113.

Rafoth, M. A. （1997）. Guidelines for developing screening programs. Psychology in the Schools, 34（2）, 129-142.

Raver, C. C. （2002）. Emotions matter: Making the case for the role of young children's emotional development for early school readiness. Working Papers.

Reynolds, A. J. （1989）. A structural model of first-grade outcomes for an urban, low socioeconomic status, minority population. Journal of Educational Psychology, 81（4）, 594.

Rimm-Kaufman, Pianta, & Cox. （2000）. Teachers' judgments of problems in the transition to kindergarten. Early Childhood Research Quarterly, 15（2）, 147-166.

Robins, L. N., & Price, R. K. （1991）. Adult disorders predicted by childhood conduct problems: Results from the NIMH Epidemiologic Catchment Area project. Psychiatry: Interpersonal and Biological Processes.

Rubin, K. H., Chen, X., McDougall, P., Bowker, A., & McKinnon, J. （1995）.

The Waterloo Longitudinal Project： Predicting internalizing and externalizing problems in adolescence. Development and Psychopathology，7，751–764.

Sammons，P.，Elliot，K.，Sylva，K.，Melhuish，E.，Siraj - Blatchford，I.，& Taggart，B.（2004）. The impact of pre - school on young children's cognitive attainments at entry to reception.

Schoemaker，M. M.，& Kalverboer，A. F.（1994）. Social and affective problems of children who are clumsy： How early do they begin ？ Adapted Physical Activity Quarterly.

Scott–Little，C.，Kagan，S. L.，& Frelow，V. S.（2003）. Creating the conditions for success with early learning standards： Results from a national study of state–level standards for children’s learning prior to kindergarten. Early Childhood Research & Practice，5（2），1–21.

Shonkoff，J. P.，& Phillips，D.（2000）. From neurons to neighborhoods： The science of early childhood development： National Academies Press.

Skinner，R. A.，& Piek，J. P.（2001）. Psychosocial implications of poor motor coordination in children and adolescents. Human movement science，20（1–2），73–94.

Smith，M. L.，& Shepard，L. a.（1988）. Kindergarten Readiness and Retention： A Qualitative Study of Teachers' Beliefs and Practices. American Educational Research Journal，25，307–333.

Smyth，M. M.，& Anderson，H. I.（2000）. Coping with clumsiness in the school playground： Social and physical play in children with coordination impairments. British Journal of Developmental Psychology, 18（3）, 389–413.

Sperling, R. A.（2003）. Classroom learning behaviors and reading skill development. Early Childhood Education Journal, 31（2）, 139–142.

Steinberg, L., Lamborn, S. D., Dornbusch, S. M., & Darling, N.（1992）. Impact of parenting practices on adolescent achievement: Authoritative parenting, school involvement, and encouragement to succeed. Child Development, 63（5）, 1266–1281.

Stipek, D. J., & Ryan, R. H.（1997）. Economically disadvantaged preschoolers: Ready to learn but further to go. Developmental Psychology, 33（4）, 711.

Sylva, K.（2001）. The Effective Provision of Pre–School Education [EPPE] Project: A Longitudinal Study Funded by the DfEE（1997–2003）.

Tramontana, M. G., Hooper, S. R., & Selzer, S. C.（1988）. Research on the preschool prediction of later academic achievement: A review. developmental review, 8（2）, 89–146.

Tucker, C. J., & Updegraff, K.（2009）. The relative contributions of parents and siblings to child and adolescent development. New directions for child and adolescent development, 2009（126）, 13–28.

von Eye, A., & Bogat, G. A.（2006）. Person–Oriented and Variable–Oriented Research: Concepts, Results, and Development. Merrill–Palmer Quarterly: Journal of Developmental Psychology; Merrill–Palmer Quarterly: Journal of

Developmental Psychology.

Webster, R. I., Majnemer, A., Platt, R. W., & Shevell, M. I.（2005）. Motor function at school age in children with a preschool diagnosis of developmental language impairment. The Journal of pediatrics, 146（1）, 80–85.

West, J., Denton, K., & Gorman, S.（2000）. The Kindergarten Year–Findings from the Early Childhood Longitudinal Study, Kindergarten Class of 1998–99.

Zill, N.（1999）. Promoting educational equity and excellence in kindergarten. The transition to kindergarten, 67–105.

Zill, N., Collins, M., West, J., & Hausken, E. G.（1995）. School readiness and children's developmental status. ERIC Digest.[Online： http：//ericeece. org/pubs/digests/1995/zill95. html].

Zill, N., Loomis, L. S., & West, J.（1997）. The Elementary School Performance and Adjustment of Children Who Enter Kindergarten Late or Repeat Kindergarten： Findings from National Surveys. National Household Education Survey. Statistical Analysis Report.

曾琦, 芦咏莉, 邹泓, 董奇, 陈欣银.（1997）. 父母教育方式与儿童的学校适应. 心理发展与教育, V13（2）.

陈超, 邹滢.（2009）. SPSS 15.0 中文版常用功能与应用实例精讲. 北京：电子工业出版社.

盖笑松, 张向葵.（2005）. 儿童入学准备状态的理论模型与干预途径. 心理科学进展, 13（5）.

纪林芹, 张文新.（2011）. 发展心理学研究中个体定向的理论与方法. 心理

科学进展，19（11）.

刘万伦.（2004）.中小学学生学校适应性的发展特点调查.中国心理卫生杂志，18（02）.

吕正欣.（2008）.儿童入学准备发展水平对其学校适应状况的预测.硕士学位论文，东北师范大学.

孙蕾.（2007）.家庭环境对学前儿童入学准备的影响.博士学位论文，东北师范大学.

孙蕾，张向葵，盖笑松.（2006）.教师对儿童入学准备状况的团体评定，学前教育研究（5）.

汪清华.（2007）.中小学生家庭环境与学校适应的关系研究，博士学位论文，南京师范大学.

战欣，孙丹，董振华.（2005）.城乡青少年的学校适应研究.山东师范大学学报（人文社会科学版），50（6）.

张佳慧，辛涛，陈学峰.（2011）.4～5岁儿童认知发展：适龄入园的积极影响.心理发展与教育，27（05）.

赵科，张海清.（2010）.边疆民族地区小学生父母教养观念现状调查.中国学校卫生，31（11）.